Az Karbonhidrat Mutfağı

Sağlığınıza İyi Gelen Lezzetler

Canan Kaya

içindekiler

Bir bardakta harika bir kahvaltı 7
Lezzetli tavuk kiş 9
Lezzetli biftek ve yumurta 11
Muhteşem tavuklu omlet...13
Basit Smoothie Kasesi..16
Beyaz omlet 18
Kahvaltı köfte 20
Kahvaltıda ton balıklı salata 22
Kavanozda inanılmaz kahvaltı salatası 23
Lezzetli Naan ekmeği ve tereyağı 26
Öğle yemeği için ketojenik tarifler...28
Öğle yemeği Sezar salatası 29
Öğle Yemeği Tacoları...30
Lezzetli öğle yemeği pizzası 32
Basit pizza rulosu 34
Lezzetli öğle yemeği 36
Lezzetli Meksika öğle yemeği 39
Öğle yemeği için biber dolması 41
Özel öğle yemeği burgerleri 43
Çeşitli burgerler 46
Lezzetli kabak yemeği..49
Pastırma ve kabak makarna salatası..51
Muhteşem tavuk salatası 53
İnanılmaz biftek salatası...55
Rezene ve tavuklu öğle yemeği salatası...57
Kolay doldurulmuş avokado 59
Pestolu Tavuk Salatası...61
Lezzetli öğle yemeği salatası 63
Kolay öğle yemeği yengeç kekleri 66
Hafif öğle yemeği Muffinler 68
Öğle yemeği için domuz pastırması...70
Lezzetli öğle yemeği pate 73

Lezzetli öğle yemeği suyu 75
Lezzetli hindistan cevizi çorbası 77
Kabaklı makarna çorbası 80
Lezzetli öğle yemeği köri 82
Öğle yemeği Ispanaklı rulolar 85
Lezzetli Biftek Kasesi 87
Köfte ve Pilav 89
Lezzetli brokoli çorbası 91
Öğle yemeği yeşil fasulye salatası 93
Balkabağı çorbası 95
Lezzetli yeşil fasulye güveç 97
Basit öğle yemeği elma salatası 99
Brüksel lahanası gratine 102
Basit kuşkonmaz öğle yemeği 105
Basit karidesli makarna 107
Peynirli Tostlar 110
Sosis topları 113
Tofu Mücadelesi 115
Kenevir tohumu lapası 117
Pastırmalı yumurta 119
Keyifli kahvaltı karma 121
Yeşillikli kaşarlı sufle 124
Pastırmalı Bisküvi 126
Keto Frittata 129
Muhteşem pastırma ve mantar şişleri 131
Basit domates çorbası 133
Pastırma sarılı sosis 135
Öğle Yemeği Istakoz Bisque 137
Basit Hellim Salatası 139
Öğle yemeği güveci 141
Tavuk ve Karides 143
Yeşil çorba 145
Caprese salatası 147
Somon çorbası 149
Muhteşem halibut çorbası 151
Ketojenik Garnitür Tarifleri 153

Basit Kimchi 154
Lezzetli yeşil fasulye garnitürü 156
Basit karnabahar püresi 158
Lezzetli portobello mantarları 160
Brüksel lahanası garnitür 162
Lezzetli pesto 164
Brüksel lahanası ve pastırma 166
Lezzetli ıspanaklı garnitür 168
Muhteşem avokado kızartması 171
Basit Kavrulmuş Karnabahar 173
Mantar ve Ispanaklı Garnitür 175
Lezzetli Bamya ve Domates 177
İnanılmaz Snap Bezelye ve Nane 179
Karalahana Yeşilleri Garnitür 181
Patlıcan ve domates garnitürü 183
Limonlu badem ezmeli brokoli 185
Basit Kavrulmuş Brokoli 187
Kolay Izgara Soğan 189
Kavrulmuş kabak 191
Lezzetli kızarmış İsviçre pazı 193
Lezzetli mantarlı salata 196
Yunan tarafı salatası 198
Domates salsası 200
Yaz tarafı salatası 202
Domates ve Bocconcini 204
Salatalık ve hurma salatası 206
Kolay patlıcan salatası 208
Özel yan salata 210
Özel hindiba ve su teresi salatası 212
Hint usulü salata 214
Hint Nane Turşusu 216
Hint hindistan cevizi turşusu 218

Bir bardakta harika bir kahvaltı

Kahvaltıda karmaşık bir şeyler hazırlama konusunda endişelenmeyin! Bu muhteşem keto içeceği deneyin!

Hazırlama süresi: 3 dakika

Pişirme süresi: 0 dakika

Porsiyon: 2

İçindekiler:

- 10 ons konserve hindistan cevizi sütü
- 1 su bardağı sevdiğiniz yeşilliklerden
- ¼ fincan kakao fincanı
- 1 bardak su
- 1 bardak kiraz, dondurulmuş
- ¼ fincan kakao tozu
- 1 küçük avokado, çekirdeği çıkarılmış ve soyulmuş
- ¼ çay kaşığı zerdeçal

Rota:

1. Bir karıştırıcıda hindistan cevizi sütünü avokado, kakao tozu, kiraz ve zerdeçal ile birleştirin ve iyice karıştırın.
2. Suyu, yeşillikleri ve kakaoyu ekleyip 2 dakika daha karıştırıp bardaklara döküp servis yapın.

Eğlence!

Beslenme:kalori 100, yağ 3, lif 2, karbonhidrat 3, protein 5

Lezzetli tavuk kiş

O kadar lezzetli ki daha fazlasını isteyeceksiniz!

Hazırlama süresi: 10 dakika

Pişirme süresi: 45 dakika

Porsiyon: 5

İçindekiler:

- 7 yumurta
- 2 su bardağı badem unu
- 2 yemek kaşığı hindistancevizi yağı
- Tatmak için tuz ve karabiber
- 2 kabak, rendelenmiş
- ½ bardak ağır krema
- 1 çay kaşığı rezene tohumu
- 1 çay kaşığı kekik, kurutulmuş
- 1 kilo tavuk, kıyılmış

Rota:

1. Bir mutfak robotunda badem ununu bir tutam tuzla birleştirin.
2. 1 yumurta ve Hindistan cevizi yağını ekleyip iyice karıştırın.

3. Yağlanmış kek kalıbına hamuru yerleştirin ve iyice bastırın.

4. Tavayı orta ateşte ısıtın, tavuğu ekleyin, birkaç dakika kızartın, ocaktan alın ve bir kenara koyun.

5. Bir kapta 6 yumurtayı tuz, karabiber, kekik, krema ve rezene tohumu ile karıştırıp iyice karıştırın.

6. Tavukları ekleyip tekrar karıştırın.

7. Bunu pasta kabuğunun içine dökün, yayın, 350 F'deki fırına koyun ve 40 dakika pişirin.

8. Pastayı dilimleyip kahvaltıda servis etmeden önce biraz soğumasını bekleyin!

Eğlence!

Beslenme:kalori 300, yağ 23, lif 3, karbonhidrat 4, protein 18

Lezzetli biftek ve yumurta

Bu çok zengin ve doyurucu! Devam edin ve yarın kahvaltıda bunu deneyin!

Hazırlama süresi: 10 dakika

Pişirme süresi: 10 dakika

Porsiyonlar: 1

İçindekiler:

- 4 ons sığır filetosu
- 1 küçük avokado çekirdeği çıkarılmış, soyulmuş ve dilimlenmiş
- 3 yumurta
- 1 yemek kaşığı sıvı yağ
- Tatmak için tuz ve karabiber

Rota:

1. Tavayı orta ateşte yağla ısıtın, içine yumurtaları kırın ve dilediğiniz gibi pişirin.
2. Tuz ve karabiber serpin, ocaktan alın ve bir tabağa koyun.

3. Başka bir tavayı orta ateşte ısıtın, bonfileyi ekleyin, 4 dakika pişirin, ocaktan alın, soğumaya bırakın ve ince şeritler halinde kesin.
4. Tadına göre tuz ve karabiber ekleyip yumurtalara ekleyin.
5. Avokado dilimlerini yan tarafa yerleştirip servis yapın.

Eğlence!

Beslenme:kalori 500, yağ 34, lif 10, karbonhidrat 3, protein 40

Muhteşem tavuklu omlet

Tadı harika ve inanılmaz görünüyor! O mükemmel!

Hazırlama süresi: 10 dakika

Pişirme süresi: 10 dakika

Porsiyonlar: 1

İçindekiler:

- 1 ons et lokantası tavuğu, kıyılmış
- 1 çay kaşığı hardal
- 1 yemek kaşığı ev yapımı mayonez
- 1 domates, doğranmış
- 2 dilim pastırma, pişmiş ve ufalanmış
- 2 yumurta
- 1 küçük avokado, çekirdeği çıkarılmış, soyulmuş ve doğranmış
- Tatmak için tuz ve karabiber

Rota:

1. Bir kapta yumurtaları tuz ve karabiberle birleştirin ve yavaşça karıştırın.
2. Tavayı orta ateşte ısıtın, üzerine yemeklik yağ dökün, yumurtaları ekleyin ve omleti 5 dakika pişirin.

3. Omletin yarısına tavuk, avokado, domates, pastırma, mayonez ve hardalı ekleyin.

4. Omleti katlayın, tavanın kapağını kapatın ve 5 dakika daha pişirin.

5. Bir tabağa yerleştirin ve servis yapın.

Eğlence!

Beslenme:kalori 400, yağ 32, lif 6, karbonhidrat 4, protein 25

Basit Smoothie Kasesi

Bu en iyi keto kahvaltı fikirlerinden biri!

Hazırlama süresi: 5 dakika

Pişirme süresi: 0 dakika

Porsiyonlar: 1

İçindekiler:

- 2 buz küpü
- 1 yemek kaşığı hindistancevizi yağı
- 2 yemek kaşığı ağır krema
- 1 bardak ıspanak
- ½ su bardağı badem sütü
- 1 çay kaşığı protein tozu
- 4 ahududu
- 1 yemek kaşığı hindistan cevizi, rendelenmiş
- 4 ceviz
- 1 çay kaşığı chia tohumu

Rota:

1. Sütü ıspanak, krema, buz, protein tozu ve hindistancevizi yağıyla bir karıştırıcıda birleştirin, iyice karıştırın ve bir kaseye aktarın.

2. Kasenin üzerine ahududu, hindistan cevizi, ceviz ve chia tohumlarını ekleyip servis yapın.

Eğlence!

Beslenme:kalori 450, yağ 34, lif 4, karbonhidrat 4, protein 35

Beyaz omlet

Malzemelerin kombinasyonu tek kelimeyle muhteşem!

Hazırlama süresi: 10 dakika

Pişirme süresi: 10 dakika

Porsiyonlar: 1

İçindekiler:

- 3 yumurta
- 1 yemek kaşığı sıvı yağ
- 1 ons beyaz peynir, ufalanmış
- 1 yemek kaşığı ağır krema
- 1 yemek kaşığı kavanoz pesto
- Tatmak için tuz ve karabiber

Rota:

1. Yumurtaları bir kasede krema, tuz ve karabiberle çırpın ve iyice karıştırın.

2. Tavayı orta ateşte yağla ısıtın, çırpılmış yumurtayı ekleyin, tavaya yayın ve omleti kabarıncaya kadar pişirin.

3. Omleti peynir ve pesto serpin, ikiye katlayın, tavanın kapağını kapatın ve 5 dakika daha pişirin.

4. Omleti bir tabağa koyun ve servis yapın.

Eğlence!

19

Beslenme:kalori 500, yağ 43, lif 6, karbonhidrat 3, protein 30

Kahvaltı köfte

Bunu mümkün olan en kısa sürede denemeye değer!

Hazırlama süresi: 10 dakika

Pişirme süresi: 35 dakika

Porsiyon: 4

İçindekiler:

- 1 çay kaşığı ghee
- 1 küçük sarı soğan, ince doğranmış
- 1 kilo tatlı sosis, doğranmış
- 6 yumurta
- 1 su bardağı kaşar peyniri, rendelenmiş
- 4 ons krem peynir, yumuşak
- Tatmak için tuz ve karabiber
- 2 yemek kaşığı arpacık soğanı, ince doğranmış

Rota:

1. Bir kapta yumurtaları tuz, karabiber, soğan, sosis ve kremanın yarısıyla karıştırıp köpürene kadar iyice karıştırın.

2. Köfteyi yağla yağlayın, üzerine sosis ve yumurta karışımını dökün, 350 F'deki fırına koyun ve 30 dakika pişirin.

3. Köfteleri fırından çıkarın, birkaç dakika bekletin, kalan krem peyniri üstüne sürün ve üzerine yeşil soğan ve kaşar peyniri serpin.

4. Köfteleri tekrar fırına verip 5 dakika daha pişirin.

5. Süre dolduktan sonra köfteyi 3 dakika kadar kızartın, biraz soğumaya bırakın, dilimleyin ve servis yapın.

Eğlence!

Beslenme:kalori 560, yağ 32, lif 1, karbonhidrat 6, protein 45

Kahvaltıda ton balıklı salata

Artık bu ketojenik kahvaltıya bayılacaksınız!

Hazırlama süresi: 10 dakika

Pişirme süresi: 0 dakika

Porsiyon: 4

İçindekiler:

- 2 yemek kaşığı ekşi krema
- 12 ons zeytinyağında ton balığı
- 4 pırasa, ince doğranmış
- Tatmak için tuz ve karabiber
- Bir tutam pul biber
- 1 yemek kaşığı kapari
- 8 yemek kaşığı ev yapımı mayonez

Rota:

1. Bir salata kasesinde ton balığını kapari, tuz, karabiber, pırasa, pul biber, ekşi krema ve mayonezle karıştırın.
2. İyice karıştırıp çıtır ekmekle servis yapın.

Eğlence!

Beslenme:kalori 160, yağ 2, lif 1, karbonhidrat 2, protein 6

Kavanozda inanılmaz kahvaltı salatası

Ofisten bile alabilirsiniz!

Hazırlama süresi: 10 dakika

Pişirme süresi: 0 dakika

Porsiyonlar: 1

İçindekiler:

- 1 ons favori yeşillikler
- 1 ons kırmızı dolmalık biber, doğranmış
- 1 ons kiraz domates, yarıya bölünmüş
- 4 ons et lokantası tavuğu, iri kıyılmış
- 4 yemek kaşığı sızma zeytinyağı
- ½ arpacık soğanı, ince doğranmış
- 1 ons salatalık, doğranmış
- Tatmak için tuz ve karabiber

Rota:

1. Bir kasede yeşillikleri dolmalık biber, domates, yeşil soğan, salatalık, tuz, karabiber ve zeytinyağıyla birleştirin ve iyice kaplayın.
2. Bir kavanoza aktarın, üstüne tavuk parçaları koyun ve kahvaltıda servis yapın.

Eğlence!

Beslenme:kalori 180, yağ 12, lif 4, karbonhidrat 5, protein 17

Lezzetli Naan ekmeği ve tereyağı

Bu özel keto kahvaltısını deneyin! Yapımı çok kolay!

Hazırlama süresi: 10 dakika

Pişirme süresi: 10 dakika

Porsiyon: 6

İçindekiler:

- 7 yemek kaşığı hindistancevizi yağı
- ¾ su bardağı hindistan cevizi unu
- 2 yemek kaşığı psyllium tozu
- ½ çay kaşığı kabartma tozu
- Tatmak için tuz
- 2 bardak sıcak su
- Kızartmak için biraz hindistan cevizi yağı
- 2 diş sarımsak, kıyılmış
- 3,5 ons ghee

Rota:

1. Bir kapta hindistancevizi ununu kabartma tozu, tuz ve psyllium tozuyla karıştırın, ardından karıştırın.
2. 7 yemek kaşığı Hindistan cevizi yağını ve sıcak suyu ekleyip hamuru yoğurmaya başlayın.

3. 5 dakika bekletin, 6 topa bölün ve bunları bir çalışma yüzeyi üzerinde düzleştirin.

4. Tavayı biraz hindistancevizi yağı ile orta ateşte ısıtın, naan ekmeklerini tavaya yerleştirin, altın rengi kahverengi olana kadar kızartın ve ardından bir tabağa koyun.

5. Tavayı orta ateşte yağla ısıtın, sarımsak, tuz ve karabiber ekleyin, karıştırın ve 2 dakika pişirin.

6. Bu karışımı naan ekmeklerinin üzerine sürün, geri kalanını bir kaseye dökün.

7. Sabah servis yapın.

Eğlence!

Beslenme:kalori 140, yağ 9, lif 2, karbonhidrat 3, protein 4

Öğle yemeği için ketojenik tarifler

Öğle yemeği Sezar salatası

Sağlıklı elementlerle ve %100 keto ile doludur!

Hazırlama süresi: 10 dakika

Pişirme süresi: 0 dakika

Porsiyon: 2

İçindekiler:

- 1 avokado, çekirdeği çıkarılmış, soyulmuş ve dilimlenmiş
- Tatmak için tuz ve karabiber
- 3 yemek kaşığı kremalı Sezar sosu
- 1 bardak pastırma, pişmiş ve ufalanmış
- 1 tavuk göğsü, ızgaralanmış ve doğranmış

Rota:

1. Bir salata kasesinde avokadoyu pastırma ve tavuk göğsüyle karıştırın, ardından karıştırın.
2. Sezar sosunu ekleyin, tuz ve karabiber ekleyin, üzerini kaplayacak şekilde dökün, 2 kaseye bölün ve servis yapın.

Eğlence!

Beslenme:kalori 334, yağ 23, lif 4, karbonhidrat 3, protein 18

Öğle Yemeği Tacoları

Keto diyeti yapan herkes için kolay ve lezzetli bir öğle yemeği fikri!

Hazırlama süresi: 10 dakika

Pişirme süresi: 25 dakika

Porsiyon: 3

İçindekiler:

- 2 su bardağı kaşar peyniri, rendelenmiş
- 1 küçük avokado, çekirdeği çıkarılmış, soyulmuş ve doğranmış
- 1 bardak sevdiğiniz taco etinden pişmiş
- 2 çay kaşığı sriracha sosu
- ¼ bardak domates, doğranmış
- Pişirme spreyi
- Tatmak için tuz ve karabiber

Rota:

1. Yağlanmış tepsiye yemeklik yağ serpin.
2. Fırın tepsisine kaşar peyniri serpip 400 derecelik fırına verip 15 dakika pişirin.
3. Peyniri taco etinin üzerine sürün ve 10 dakika daha pişirin.

4. Bu arada avokadoyu bir kasede domates, sriracha sosu, tuz ve karabiberle karıştırıp karıştırın.

5. Bunu taco ve çedar katmanlarının üzerine sürün, biraz soğumasını bekleyin, pizza dilimleyiciyle dilimleyin ve öğle yemeğinde servis edin.

Eğlence!

Beslenme:kalori 400, yağ 23, lif 0, karbonhidrat 2, protein 37

Lezzetli öğle yemeği pizzası

Bugün öğle yemeğinde bu Ketojenik pizzayı denemenizi öneririz!

Hazırlama süresi: 10 dakika

Pişirme süresi: 7 dakika

Porsiyon: 4

İçindekiler:

- 1 bardak pizza peyniri karışımı, rendelenmiş
- 1 yemek kaşığı zeytinyağı
- 2 yemek kaşığı tereyağı
- 1 su bardağı mozzarella peyniri, rendelenmiş
- ¼ bardak mascarpone peyniri
- 1 yemek kaşığı ağır krema
- 1 çay kaşığı sarımsak, kıyılmış
- Tatmak için tuz ve karabiber
- Bir tutam limon biberi
- 1/3 bardak brokoli çiçeği, buğulanmış
- Servis için traşlanmış bir miktar Asiago peyniri

Rota:

1. Tavayı orta ateşte yağla ısıtın, pizza peyniri karışımını
   ekleyin ve etrafına yayın.

2. Mozzarella peynirini de ekleyip daire şeklinde yayın.

3. Her şeyi 5 dakika pişirin, ardından bir tabağa koyun.

4. Tavayı orta ateşte yağla ısıtın, mascarpone peynirini, kremayı, tuzu, karabiberi, limon biberini ve sarımsağı ekleyip karıştırın ve 5 dakika pişirin.

5. Bu karışımın yarısını peynir kabuğunun üzerine gezdirin.

6. Brokoli çiçeklerini mascarpone karışımının geri kalanıyla birlikte tavaya ekleyin, karıştırın ve 1 dakika pişirin.

7. Bunu pizzanın üzerine yerleştirin, üzerine Asiago peyniri serpin ve servis yapın.

Eğlence!

Beslenme:kalori 250, yağ 15, lif 1, karbonhidrat 3, protein 10

Basit pizza rulosu

Bunların tadı çok ilahi! O kadar harikalar ki!

Hazırlama süresi: 10 dakika

Pişirme süresi: 30 dakika

Porsiyon: 6

İçindekiler:

- ¼ bardak karışık kırmızı ve yeşil biber, doğranmış
- 2 su bardağı mozzarella peyniri, rendelenmiş
- 1 çay kaşığı pizza baharatı
- 2 yemek kaşığı soğan, doğranmış
- 1 domates, doğranmış
- Tatmak için tuz ve karabiber
- ¼ bardak pizza sosu
- ½ su bardağı sosis, ufalanmış ve pişirilmiş

Rota:

1. Mozzarella peynirini astarlı ve hafif tereyağlı bir fırın tepsisine yayın, üstüne pizza baharatını serpin, 400 derecelik fırına koyun ve 20 dakika pişirin.

2. Pizza hamurunu fırından çıkarın, üzerine sosis, soğan, dolmalık biber ve domates sürün ve üzerine biraz domates sosu gezdirin.
3. Tekrar fırına verip 10 dakika daha pişirin.
4. Pizzayı fırından çıkarın, birkaç dakika bekletin, 6 parçaya bölün, her parçayı yuvarlayın ve öğle yemeğinde servis edin!

Eğlence!

Beslenme:kalori 117, yağ 7, lif 1, karbonhidrat 2, protein 11

Lezzetli öğle yemeği

İhtiyacınız olan tüm malzemeleri alın ve bu muhteşem keto öğle yemeğini en kısa sürede hazırlayın!

Hazırlama süresi: 10 dakika

Pişirme süresi: 15 dakika

Porsiyon: 2

İçindekiler:

- 1 ve ½ su bardağı kaşar peyniri, rendelenmiş
- 1 ve ½ su bardağı peynir karışımı
- 2 adet dana sosisli sandviç, ince doğranmış
- Bir damla zeytinyağı
- 1 kilo dana eti, kıyılmış
- Tatmak için tuz ve karabiber
- ¼ çay kaşığı kırmızı biber
- ¼ çay kaşığı eski defne
- ¼ çay kaşığı soğan tozu
- ¼ çay kaşığı sarımsak tozu
- 1 bardak marul, doğranmış
- 1 yemek kaşığı bin ada sosu
- 2 yemek kaşığı dereotu turşusu, doğranmış
- 2 yemek kaşığı sarı soğan, ince doğranmış
- ½ bardak Amerikan peyniri, rendelenmiş

- Servis için biraz ketçap
- Servis için biraz hardal

Rota:

1. Tavayı bir damla yağ ile orta ateşte ısıtın, peynirli karışımın yarısını ekleyip her tarafına yayın ve üzerine kaşar peynirinin yarısını serpin.
2. Ayrıca bir daire şeklinde yuvarlayın, 5 dakika pişirin, kesme tahtasına çıkarın ve soğuması için birkaç dakika bekletin.
3. Tavayı tekrar ısıtın, kalan peynir karışımını ekleyin ve daire şeklinde yayın.
4. Kalan kaşarı da ekleyip yayıp 5 dakika pişirin ve kesme tahtasına alın.
5. Bin ada sosunu 2 pizza hamurunun üzerine yayın.
6. Aynı tavayı orta ateşte tekrar ısıtın, eti ekleyin, karıştırın ve birkaç dakika kızartın.
7. Tuz ve karabiberle tatlandırın, defne yaprağını, kırmızı biberi, soğanı ve sarımsak tozunu ekleyin, karıştırın ve birkaç dakika daha pişirin.
8. Sosisli sandviç parçalarını ekleyin, karıştırın ve 5 dakika daha pişirin.
9. 2 pizza hamurunu salata, turşu, Amerikan peyniri ve soğanla birlikte yayın.
10. Sığır eti ve sosisli sandviç karışımını paylaştırın, üzerine hardal ve ketçap gezdirip servis yapın.

Beslenme:kalori 200, yağ 6, lif 3, karbonhidrat 1,5, protein 10

Lezzetli Meksika öğle yemeği

Lezzetli! Neden bugün denemiyorsunuz?

Hazırlama süresi: 10 dakika

Pişirme süresi: 20 dakika

Porsiyon: 4

İçindekiler:

- ¼ bardak kişniş, doğranmış
- 2 avokado çekirdeği çıkarılmış, soyulmuş ve doğranmış
- 1 yemek kaşığı limon suyu
- ¼ bardak beyaz soğan, ince doğranmış
- 1 çay kaşığı sarımsak, kıyılmış
- Tatmak için tuz ve karabiber
- 6 adet kiraz domates, dörde bölünmüş
- ½ bardak su
- 2 kilo dana eti, kıyılmış
- 2 su bardağı ekşi krema
- ¼ bardak taco baharatı
- 2 su bardağı marul, doğranmış
- Servis için biraz acı biber sosu
- 2 su bardağı kaşar peyniri, rendelenmiş

Rota:

1. Bir kapta kişnişi limon suyu, avokado, soğan, domates, tuz, karabiber ve sarımsakla karıştırın, iyice karıştırın ve şimdilik buzdolabında bekletin.
2. Tavayı orta ateşte ısıtın, eti ekleyin, karıştırın ve 10 dakika kızartın.
3. Taco baharatını ve suyu ekleyin, karıştırın ve orta ateşte 10 dakika daha pişirin.
4. Bu karışımı 4 kaseye bölün.
5. Ekşi kremayı, önceden hazırlanmış avokado karışımını, marul parçalarını ve kaşar peynirini ekleyin.
6. Sonunda üzerine kırmızı biber sosunu gezdirin ve öğle yemeği olarak servis edin!

Eğlence!

Beslenme:kalori 340, yağ 30, lif 5, karbonhidrat 3, protein 32

Öğle yemeği için biber dolması

Bunlar ketojenik bir öğle yemeği için mükemmel!

Hazırlama süresi: 10 dakika

Pişirme süresi: 40 dakika

Porsiyon: 4

İçindekiler:

- 4 büyük muz biberi, üst kısmını kesin, çekirdeklerini çıkarın ve uzunlamasına ikiye bölün
- 1 yemek kaşığı sıvı yağ
- Tatmak için tuz ve karabiber
- ½ çay kaşığı Herbes de Provence
- 1 kilo tatlı sosis, doğranmış
- 3 yemek kaşığı sarı soğan, ince doğranmış
- Biraz marinara sosu
- Bir damla zeytinyağı

Rota:

1. Muzlu biberleri tuz ve karabiberle tatlandırın, üzerlerine yağ gezdirin, iyice ovalayın ve 350°C sıcaklıktaki fırında 20 dakika pişirin.

2. Bu arada tavayı orta ateşte ısıtın, sosis parçalarını ekleyin, karıştırın ve 5 dakika pişirin.

3. Soğanı, Provence otlarını, tuzu, karabiberi ve yağı ekleyin, iyice karıştırın ve 5 dakika pişirin.

4. Biberleri fırından çıkarın, sucuk karışımıyla doldurun, fırına dayanıklı bir kaba koyun, marinara sosuyla kaplayın, tekrar fırına koyun ve 10 dakika daha pişirin.

5. Sıcak servis yapın.

Eğlence!

Beslenme:kalori 320, yağ 8, lif 4, karbonhidrat 3, protein 10

Özel öğle yemeği burgerleri

Bu burgerler gerçekten çok özel bir şey!

Hazırlama süresi: 10 dakika

Pişirme süresi: 25 dakika

Porsiyon: 8

İçindekiler:

- 1 kilo göğüs eti, kıyılmış
- 1 kilo dana eti, kıyılmış
- Tatmak için tuz ve karabiber
- 8 dilim tereyağı
- 1 yemek kaşığı sarımsak, kıyılmış
- 1 yemek kaşığı İtalyan baharatı
- 2 yemek kaşığı mayonez
- 1 yemek kaşığı sıvı yağ
- 2 yemek kaşığı zeytinyağı
- 1 sarı soğan, ince doğranmış
- 1 yemek kaşığı su

Rota:

1. Bir kapta göğüs etini sığır eti, tuz, karabiber, İtalyan baharatı, sarımsak ve mayonezle karıştırın, ardından iyice karıştırın.
2. 8 köfte oluşturun ve her birine bir cep açın.
3. Her hamburgeri bir parça tereyağıyla doldurun ve kapatın.
4. Tavayı zeytinyağıyla orta ateşte ısıtın, soğanı ekleyin, karıştırın ve 2 dakika pişirin.
5. Suyu ekleyin, karıştırın ve tavanın köşesinde toplayın.
6. Burgerleri soğanlarla birlikte tavaya koyun ve orta-düşük ateşte 10 dakika pişirin.
7. Ters çevirin, yağı ekleyin ve 10 dakika daha pişirin.
8. Hamburgerleri çöreklere bölün ve üzerine karamelize soğanla servis yapın.

Eğlence!

Beslenme:kalori 180, yağ 8, lif 1, karbonhidrat 4, protein 20

Çeşitli burgerler

Bu hamburgeri tavsiye ettiğimiz sosla servis edin ve afiyetle yiyin!

Hazırlama süresi: 10 dakika

Pişirme süresi: 30 dakika

Porsiyon: 4

İçindekiler:

Sosu için:

- 4 biber, doğranmış
- 1 bardak su
- 1 su bardağı badem ezmesi
- 1 çay kaşığı sverve
- 6 yemek kaşığı hindistan cevizi amino asitleri
- 4 diş sarımsak, doğranmış
- 1 yemek kaşığı pirinç sirkesi

Hamburgerler için:

- 4 dilim kırmızı biber peyniri
- 1 ve ½ kilo dana eti, kıyılmış
- 1 kırmızı soğan, dilimlenmiş
- 8 dilim pastırma
- 8 salata yaprağı

* Tatmak için tuz ve karabiber

Rota:

1. Badem ezmesini içeren bir tavayı orta ateşte ısıtın.

2. Suyu ekleyin, iyice karıştırın ve kaynatın.

3. Hindistan cevizi amino asitlerini ekleyin ve iyice karıştırın.

4. Mutfak robotunda acı biberi sarımsakla karıştırın, sirkeyle koyulaştırın ve iyice karıştırın.

5. Badem ezmesi karışımına ekleyin, iyice karıştırın, ocaktan alın ve şimdilik bir kenara koyun.

6. Eti bir kasede tuz ve karabiberle karıştırın, karıştırın ve 4 köfte oluşturun.

7. Bunları bir tavaya koyun, önceden ısıtılmış ızgaraya koyun ve 7 dakika pişirin.

8. Hamburgeri ters çevirin ve 7 dakika daha pişirin.

9. Peynir dilimlerini burgerlerin üzerine yerleştirin, ızgaraya koyun ve 4 dakika daha pişirin.

10. Tavayı orta ateşte ısıtın, pastırma dilimlerini ekleyin ve birkaç dakika kızartın.

11. 2 marul yaprağını bir tabağa koyun, üzerine 1 hamburger, 1 dilim soğan ve 1 dilim pastırma koyun ve üzerine bademli tereyağı sosunu dökün.

12. Aynı işlemi diğer marul yaprakları, hamburger, soğan, pastırma ve sos için de tekrarlayın.

Eğlence!

Beslenme:kalori 700, yağ 56, lif 10, karbonhidrat 7, protein 40

Lezzetli kabak yemeği

Yapımı kolay ve çok hafif! Bu öğle yemeğini yakında deneyin!

Hazırlama süresi: 10 dakika

Pişirme süresi: 5 dakika

Porsiyonlar: 1

İçindekiler:

- 1 yemek kaşığı zeytinyağı
- 3 yemek kaşığı sıvı yağ
- 2 bardak kabak, spiralizatörle kesilmiş
- 1 çay kaşığı kırmızı biber gevreği
- 1 yemek kaşığı sarımsak, kıyılmış
- 1 yemek kaşığı kırmızı dolmalık biber, doğranmış
- Tatmak için tuz ve karabiber
- 1 yemek kaşığı fesleğen, doğranmış
- ¼ bardak Asiago peyniri, rendelenmiş
- ¼ bardak Parmesan, rendelenmiş

Rota:

1. Tavayı yağ ve sıvı yağ ile orta ateşte ısıtın, sarımsak, dolmalık biber ve kırmızı biber pullarını ekleyin, karıştırın ve 1 dakika pişirin.

2. Kabaklı makarnayı ekleyin, karıştırın ve 2 dakika daha pişirin.

3. Fesleğen, Parmesan, tuz ve karabiberi ekleyip karıştırın ve birkaç saniye daha pişirin.

4. Ateşten alıp bir kaseye koyun ve üzerine asiago peyniri ekleyerek öğle yemeğinde servis edin.

Eğlence!

Beslenme:kalori 140, yağ 3, lif 1, karbonhidrat 1,3, protein 5

Pastırma ve kabak makarna salatası

Çok canlandırıcı ve sağlıklı! Bu salatayı seviyoruz!

Hazırlama süresi: 10 dakika

Pişirme süresi: 0 dakika

Porsiyon: 2

İçindekiler:

- 1 su bardağı bebek ıspanak
- 4 su bardağı kabak eriştesi
- 1/3 bardak bleu peyniri, ufalanmış
- 1/3 su bardağı kalın peynir sosu
- ½ bardak pastırma, pişmiş ve ufalanmış
- Tatmak için karabiber

Rota:

1. Bir salata kasesinde ıspanağı kabaklı makarna, pastırma ve mavi peynirle karıştırın ve birlikte atın.
2. Damak tadınıza göre peynir sosunu ve karabiberi ekleyip iyice karıştırın, 2 kaseye paylaştırıp servis yapın.

Eğlence!

Beslenme:kalori 200, yağ 14, lif 4, karbonhidrat 2, protein 10

52

Muhteşem tavuk salatası

Tadacağınız en güzel tavuklu salata artık sizlerle!

Hazırlama süresi: 10 dakika

Pişirme süresi: 0 dakika

Porsiyon: 3

İçindekiler:

- 1 yeşil soğan, doğranmış
- 1 sap kereviz, ince doğranmış
- 1 adet haşlanmış yumurta, soyulmuş ve doğranmış
- 5 ons tavuk göğsü, kızartılmış ve doğranmış
- 2 yemek kaşığı maydanoz, doğranmış
- ½ yemek kaşığı dereotu baharatı
- Tatmak için tuz ve karabiber
- 1/3 bardak mayonez
- Bir tutam toz sarımsak
- 1 çay kaşığı hardal

Rota:

1. Maydanozu soğan ve kerevizle mutfak robotunda karıştırıp iyice kavurun.

2. Bunları bir kaseye aktarın ve şimdilik bir kenara koyun.

3. Tavuğu mutfak robotuna yerleştirin, iyice karıştırın ve sebzelerin bulunduğu kaseye ekleyin.

4. Yumurta parçalarını, tuzu ve karabiberi ekleyip karıştırın.

5. Hardal, mayonez, dereotu baharatı ve sarımsak ekleyin, kaplayın ve hemen servis yapın.

Eğlence!

Beslenme:kalori 283, yağ 23, lif 5, karbonhidrat 3, protein 12

İnanılmaz biftek salatası

Ketojenik tavuk salatası havasında değilseniz onun yerine biftek deneyin!

Hazırlama süresi: 10 dakika

Pişirme süresi: 20 dakika

Porsiyon: 4

İçindekiler:

- 1 ve ½ kilo biftek, ince dilimlenmiş
- 3 yemek kaşığı avokado yağı
- Tatmak için tuz ve karabiber
- ¼ bardak balzamik sirke
- 6 ons tatlı soğan, doğranmış
- 1 baş marul, doğranmış
- 2 diş sarımsak, kıyılmış
- 4 ons mantar, dilimlenmiş
- 1 avokado, çekirdeği çıkarılmış, soyulmuş ve dilimlenmiş
- 3 ons güneşte kurutulmuş domates, doğranmış
- 1 sarı dolmalık biber, dilimlenmiş
- 1 portakal dolmalık biber, dilimlenmiş

- 1 çay kaşığı İtalyan baharatı
- 1 çay kaşığı kırmızı biber gevreği
- 1 çay kaşığı soğan tozu

Rota:

1. Bir kasede biftek parçalarını tuz, karabiber ve balzamik sirkeyle karıştırın, kaplayın ve bir kenara koyun.

2. Tavayı avokado yağıyla birlikte orta-düşük ateşte ısıtın, mantarları, sarımsağı, tuzu, karabiberi ve soğanı ekleyin, karıştırın ve 20 dakika pişirin.

3. Bir kasede marul yapraklarını turuncu ve sarı dolmalık biber, güneşte kurutulmuş domates ve avokadoyla birleştirin ve karıştırın.

4. Biftek parçalarını soğan tozu, pul biber ve İtalyan baharatıyla baharatlayın.

5. Biftek parçalarını bir tavaya koyun, önceden ısıtılmış ızgaraya koyun ve 5 dakika pişirin.

6. Biftek parçalarını tabaklara paylaştırın, yanına marul ve avokado salatasını ekleyin ve üzerine soğan ve mantar karışımını ekleyin.

Eğlence!

Beslenme:kalori 435, yağ 23, lif 7, karbonhidrat 10, protein 35

Rezene ve tavuklu öğle yemeği salatası

Her gün farklı bir öğle yemeği salatası deneyin! Bugün bu rezene tavuk ikramını denemenizi öneriyoruz!

Hazırlama süresi: 10 dakika

Pişirme süresi: 0 dakika

Porsiyon: 4

İçindekiler:

- 3 kemiksiz, derisiz tavuk göğsü, pişirilmiş ve parçalara ayrılmış
- 2 yemek kaşığı ceviz yağı
- ¼ bardak ceviz, kızartılmış ve doğranmış
- 1 ve ½ su bardağı rezene, doğranmış
- 2 yemek kaşığı limon suyu
- ¼ bardak mayonez
- 2 yemek kaşığı rezene yaprağı, doğranmış
- Tatmak için tuz ve karabiber
- Bir tutam acı biber

Rota:

1. Rezeneyi tavuk ve cevizle bir kasede karıştırın, ardından karıştırın.

2. Başka bir kapta mayonezi tuz, karabiber, rezene yaprağı, ceviz yağı, limon suyu, kırmızı biber ve sarımsakla birleştirip iyice karıştırın.

3. Bunu tavuk ve rezene karışımının üzerine dökün, iyice kaplayın ve servise hazır olana kadar buzdolabında saklayın.

Eğlence!

Beslenme:kalori 200, yağ 10, lif 1, karbonhidrat 3, protein 7

Kolay doldurulmuş avokado

öğle yemeği için yapması çok kolay!

Hazırlama süresi: 10 dakika

Pişirme süresi: 0 dakika

Porsiyonlar: 1

İçindekiler:

- 1 avokado
- 4 ons konserve sardalye, süzülmüş
- 1 taze soğan, doğranmış
- 1 yemek kaşığı mayonez
- 1 yemek kaşığı limon suyu
- Tatmak için tuz ve karabiber
- ¼ çay kaşığı zerdeçal tozu

Rota:

1. Avokadoyu ikiye bölün, içini çıkarın ve bir kaseye koyun.

2. Çatalla ezin ve sardalyalarla karıştırın.

3. Çatalla tekrar ezin ve soğan, limon suyu, zerdeçal tozu, tuz, karabiber ve mayonezle karıştırın.

4. Her şeyi birlikte karıştırın ve avokadoyu ikiye bölün.

5. Öğle yemeğinde hemen servis yapın.

Eğlence!

Beslenme:kalori 230, yağ 34, lif 12, karbonhidrat 5, protein 27

Pestolu Tavuk Salatası

Kombinasyon kesinlikle lezzetli! Onu denemelisin!

Hazırlama süresi: 10 dakika

Pişirme süresi: 0 dakika

Porsiyon: 4

İçindekiler:

- 1 kilo tavuk, pişmiş ve doğranmış
- Tatmak için tuz ve karabiber
- 10 adet ikiye bölünmüş kiraz domates
- 6 dilim pastırma, pişmiş ve ufalanmış
- ¼ bardak mayonez
- 1 avokado çekirdeği çıkarılmış, soyulmuş ve doğranmış
- 2 yemek kaşığı sarımsaklı pesto

Rota:

1. Bir salata kasesinde tavuğu pastırma, avokado, domates, tuz ve karabiberle birleştirin ve karıştırın.
2. Mayonez ve sarımsak pestosunu ekleyip iyice karıştırıp servis yapın.

Eğlence!

Beslenme:kalori 357, yağ 23, lif 5, karbonhidrat 3, protein 26

Lezzetli öğle yemeği salatası

Çok lezzetli ve bir kez deneyince seveceksiniz!

Hazırlama süresi: 10 dakika

Pişirme süresi: 10 dakika

Porsiyonlar: 1

İçindekiler:

- 4 ons sığır eti biftek
- 2 su bardağı marul, doğranmış
- Tatmak için tuz ve karabiber
- Pişirme spreyi
- 2 yemek kaşığı kişniş, doğranmış
- 2 turp, dilimlenmiş
- 1/3 bardak kırmızı lahana, kıyılmış
- 3 yemek kaşığı şişelenmiş chimichurri sosu
- 1 yemek kaşığı salata sosu

Salata sosu için:

- 3 diş sarımsak, doğranmış
- ½ çay kaşığı Worcestershire sosu
- 1 yemek kaşığı hardal
- ½ su bardağı elma sirkesi

- ¼ bardak su

- ½ su bardağı zeytinyağı

- ¼ çay kaşığı Tabasco sosu

- Tatmak için tuz ve karabiber

Rota:

1. Bir kasede sarımsak dişlerini Worcestershire sosu, hardal, elma sirkesi, su, zeytinyağı, tuz, karabiber ve Tabasco sosuyla karıştırın, köpürene kadar iyice karıştırın ve bir kenara koyun.

2. Mutfak ızgarasını orta ateşte ısıtın, üzerine yemeklik yağ serpin, biftek ekleyin, tuz ve karabiber ekleyin, 4 dakika pişirin, çevirin, 4 dakika daha pişirin, ocaktan alın, soğumaya bırakın ve kesin. ince şeritler.

3. Bir salata kasesinde salatayı kişniş, lahana, turp, chimichurri sosu ve biftek şeritleriyle karıştırın.

4. 1 yemek kaşığı salata sosunu ekleyin, üzerini kaplayın ve hemen servis yapın.

Eğlence!

Beslenme:kalori 456, yağ 32, lif 2, karbonhidrat 6, protein 30

Kolay öğle yemeği yengeç kekleri

Öğle yemeğinde bu yengeç keklerini deneyin! Pişman olmayacaksın!

Hazırlama süresi: 10 dakika

Pişirme süresi: 12 dakika

Porsiyon: 6

İçindekiler:

- 1 kilo yengeç eti
- ¼ bardak maydanoz, doğranmış
- Tatmak için tuz ve karabiber
- 2 yeşil soğan, doğranmış
- ¼ bardak kişniş, doğranmış
- 1 çay kaşığı jalapeno biberi, kıyılmış
- 1 çay kaşığı limon suyu
- 1 çay kaşığı Worcestershire sosu
- 1 çay kaşığı eski defne yaprağı
- ½ çay kaşığı hardal tozu
- ½ bardak mayonez
- 1 yumurta
- 2 yemek kaşığı zeytinyağı

Rota:

1. Büyük bir kapta yengeç etini tuz, karabiber, maydanoz, yeşil soğan, kişniş, jalapeño, limon suyu, eski defne baharatı, hardal tozu ve Worcestershire sosuyla birleştirin ve iyice karıştırın.

2. Başka bir kapta yumurtayı mayonezle karıştırın ve çırpın.

3. Yengeç eti karışımına ekleyin ve her şeyi birlikte karıştırın.

4. Bu karışımdan 6 adet çörek yapın ve bunları bir tabağa koyun.

5. Tavayı yağla orta ateşte ısıtın, 3 yengeç keki ekleyin, 3 dakika pişirin, çevirin, 3 dakika daha pişirin ve kağıt havluların üzerine boşaltın.

6. Diğer 3 yengeç keki ile aynı işlemi yapın, fazla yağını süzün ve öğle yemeğinde servis yapın.

Eğlence!

Beslenme:kalori 254, yağ 17, lif 1, karbonhidrat 1, protein 20

Hafif öğle yemeği Muffinler

Bu muffinler gerçekten ruhunuza dokunacak!

Hazırlama süresi: 10 dakika

Pişirme süresi: 45 dakika

Porsiyon: 13

İçindekiler:

- 6 yumurta sarısı
- 2 yemek kaşığı hindistan cevizi amino asitleri
- ½ kilo mantar
- ¾ su bardağı hindistan cevizi unu
- 1 kilo dana eti, kıyılmış
- Tatmak için tuz

Rota:

1. Mutfak robotunda mantarları tuz, hindistancevizi aminoları ve yumurta sarısıyla birleştirin ve iyice karıştırın.

2. Bir kapta dana etini tuzla birleştirin ve karıştırın.

3. Mantar karışımını dana etine ekleyin ve hepsini karıştırın.

4. Hindistan cevizi ununu ekleyip tekrar karıştırın.

5. Bunu 13 kek kalıbına bölün, 350 derece F'deki fırına koyun ve 45 dakika pişirin.

6. Öğle yemeğinde onlara servis yapın!

Eğlence!

Beslenme:kalori 160, yağ 10, lif 3, karbonhidrat 1, protein 12

Öğle yemeği için domuz pastırması

Uzun zamandır istediğin şey bu! Üzülmeyin! Bu bir keto fikri!

Hazırlama süresi: 10 dakika

Pişirme süresi: 50 dakika

Porsiyon: 6

İçindekiler:

Pasta hamuru için:

- 2 bardak kraker
- ¼ bardak keten yemeği
- 1 su bardağı badem unu
- 2 yumurta
- Bir tutam tuz

Dolgu için:

- 1 su bardağı kaşar peyniri, rendelenmiş
- 4 yumurta
- 12 ons domuz filetosu, doğranmış
- 6 dilim pastırma
- ½ su bardağı krem peynir
- 1 kırmızı soğan, doğranmış
- ¼ bardak frenk soğanı, doğranmış

- 2 diş sarımsak, kıyılmış
- Tatmak için tuz ve karabiber
- 2 yemek kaşığı tereyağı

Rota:

1. Mutfak robotunda galeta ununu badem unu, keten unu, 2 yumurta ve tuzla karıştırıp, hamur elde edene kadar karıştırın.

2. Bunu fırın tepsisine aktarın ve alt kısmına iyice bastırın.

3. 350 F sıcaklıktaki fırına yerleştirin ve 15 dakika pişirin.

4. Bu arada tavayı orta ateşte yağla ısıtın, sarımsak ve soğanı ekleyin, karıştırın ve 5 dakika pişirin.

5. Pastırmayı ekleyin, karıştırın ve 5 dakika pişirin.

6. Domuz filetosunu ekleyin, her tarafı kızarana kadar kızartın ve ocaktan alın.

7. Yumurtaları bir kasede tuz, karabiber, kaşar peyniri ve krem peynirle karıştırıp iyice karıştırın.

8. Frenk soğanı ekleyip tekrar karıştırın.

9. Domuzu tart kalıbına yayın, yumurta karışımını ekleyin, 350 F'deki fırına koyun ve 25 dakika pişirin.

10. Turtayı birkaç dakika soğumaya bırakın ve servis yapın.

Eğlence!

Beslenme:kalori 455, yağ 34, lif 3, karbonhidrat 3, protein 33

Lezzetli öğle yemeği pate

Başlaması gerçekten kolay bir şeyin tadını çıkarın: ketojenik karaciğer ezmesi!

Hazırlama süresi: 10 dakika

Pişirme süresi: 0 dakika

Porsiyonlar: 1

İçindekiler:

- 4 ons tavuk ciğeri, kızartılmış
- 1 çay kaşığı karışık kekik, adaçayı ve kekik, doğranmış
- Tatmak için tuz ve karabiber
- 3 yemek kaşığı tereyağı
- 3 turp, ince dilimlenmiş
- Servis için çıtır ekmek dilimleri

Rota:

1. Tavuk ciğerlerini mutfak robotunda kekik, adaçayı, kekik, tereyağı, tuz ve karabiberle birleştirin ve birkaç dakika iyice karıştırın.

2. Çıtır ekmek dilimlerinin üzerine sürün ve üzerine turp dilimlerini koyun.

3. Hemen servis yapın.

Eğlence!

Beslenme:kalori 380, yağ 40, lif 5, karbonhidrat 1, protein 17

Lezzetli öğle yemeği suyu

Bu çorbayı sevmeye başlayabilirsin! En az bir kez deneyin!

Hazırlama süresi: 10 dakika

Pişirme süresi: 4 saat

Porsiyon: 4

İçindekiler:

- 1 kilo tavuk budu, derili ve kemiksiz
- 10 oz konserve domates, doğranmış
- 1 su bardağı tavuk suyu
- 8 ons krem peynir
- 1 misket limonunun suyu
- Tatmak için tuz ve karabiber
- 1 jalapeno biber, doğranmış
- 1 sarı soğan, ince doğranmış
- 2 yemek kaşığı kişniş, doğranmış
- 1 diş sarımsak, doğranmış
- Servis için rendelenmiş kaşar peyniri
- Servis için limon dilimleri

Rota:

1. Tencerede tavuğu domates, et suyu, krem peynir, tuz, karabiber, limon suyu, jalapeno, soğan, sarımsak ve kişnişle birleştirin, karıştırın, üzerini örtün ve 4 saat boyunca yüksek ateşte pişirin.

2. Kabı açın, eti parçalayın, kaselere bölün ve üzerine kaşar peyniri, yanında limon dilimleri ile servis yapın.

Eğlence!

Beslenme:kalori 300, yağ 5, lif 6, karbonhidrat 3, protein 26

Lezzetli hindistan cevizi çorbası

Bu ketojenik hindistancevizi çorbasını yakında deneyin! Herkes buna bayılacak!

Hazırlama süresi: 10 dakika

Pişirme süresi: 30 dakika

Porsiyon: 2

İçindekiler:

- 4 su bardağı tavuk suyu
- 3 limon yaprağı
- 1 ve ½ su bardağı hindistan cevizi sütü
- 1 çay kaşığı kurutulmuş limon otu
- 1 bardak kişniş, doğranmış
- 1 inç zencefil, rendelenmiş
- 4 Tay biberi, kurutulmuş ve doğranmış
- Tatmak için tuz ve karabiber
- 4 ons karides, çiğ, soyulmuş ve ayrılmış
- 2 yemek kaşığı kırmızı soğan, ince doğranmış
- 1 yemek kaşığı hindistancevizi yağı
- 2 yemek kaşığı mantar, doğranmış
- 1 yemek kaşığı balık sosu

- 1 yemek kaşığı kişniş, doğranmış
- 1 misket limonunun suyu

Rota:

1. Bir tencerede tavuk suyunu hindistan cevizi sütü, limon yaprakları, limon otu, Tay biberi, 1 bardak kişniş, zencefil, tuz ve karabiberle birleştirin, karıştırın, orta ateşte kaynatın, 20 dakika pişirin, süzün ve geri koyun. gemi.

2. Çorbayı tekrar orta ateşte ısıtın, hindistancevizi yağını, karidesleri, balık sosunu, mantarları ve soğanları ekleyin, karıştırın ve 10 dakika daha pişirin.

3. Limon suyunu ve 1 yemek kaşığı kişnişi ekleyin, karıştırın, kaselere dökün ve öğle yemeğinde servis yapın!

Eğlence!

Beslenme:kalori 450, yağ 34, lif 4, karbonhidrat 8, protein 12

Kabaklı makarna çorbası

Bu ketojenik çorba hem basit hem de lezzetli!

Hazırlama süresi: 10 dakika

Pişirme süresi: 15 dakika

Porsiyon: 8

İçindekiler:

- 1 küçük sarı soğan, ince doğranmış
- 2 diş sarımsak, kıyılmış
- 1 jalapeno biber, doğranmış
- 1 yemek kaşığı hindistancevizi yağı
- 1 ve ½ yemek kaşığı köri ezmesi
- 6 su bardağı tavuk suyu
- 15 ons konserve hindistan cevizi sütü
- 1 kilo tavuk göğsü, dilimlenmiş
- 1 kırmızı dolmalık biber, dilimlenmiş
- 2 yemek kaşığı balık sosu
- 2 kabak, spiralizatörle kesilmiş
- ½ bardak kişniş, doğranmış
- Servis için limon dilimleri

Rota:

1. Tavayı orta ateşte yağla ısıtın, soğanı ekleyin, karıştırın ve 5 dakika pişirin.

2. Sarımsak, jalapeno ve köri ezmesini ekleyin, karıştırın ve 1 dakika pişirin.

3. Et suyunu ve hindistancevizi sütünü ekleyin, karıştırın ve kaynatın.

4. Kırmızı dolmalık biberi, tavuk göğsünü ve balık sosunu ekleyin, karıştırın ve 4 dakika daha pişirin.

5. Kişniş ekleyin, karıştırın, 1 dakika pişirin ve ocaktan alın.

6. Kabak makarnasını çorba kaselerine paylaştırın, üzerine çorba koyun ve yanında limon halkaları ile servis yapın.

Eğlence!

Beslenme:kalori 287, yağ 14, lif 2, karbonhidrat 7, protein 25

Lezzetli öğle yemeği köri

Keto köri denediniz mi? O halde bir dahaki sefere dinle!

Hazırlama süresi: 10 dakika

Pişirme süresi: 1 saat

Porsiyon: 4

İçindekiler:

- 3 domates, doğranmış
- 2 yemek kaşığı zeytinyağı
- 1 su bardağı tavuk suyu
- 14 ons konserve hindistan cevizi sütü
- 1 yemek kaşığı limon suyu
- Tatmak için tuz ve karabiber
- 2 kilo tavuk budu, kemiksiz ve derisiz, küp şeklinde doğranmış
- 2 diş sarımsak, kıyılmış
- 1 su bardağı beyaz soğan, doğranmış
- 3 kırmızı biber, doğranmış
- 1 ons fıstık, kızarmış
- 1 yemek kaşığı su
- 1 yemek kaşığı zencefil, rendelenmiş

- 2 çay kaşığı kişniş, öğütülmüş
- 1 çay kaşığı tarçın, öğütülmüş
- 1 çay kaşığı zerdeçal, öğütülmüş
- 1 çay kaşığı kimyon, öğütülmüş
- ½ çay kaşığı karabiber
- 1 çay kaşığı rezene tohumu, öğütülmüş

Rota:

1. Mutfak robotunda beyaz soğanı sarımsak, yer fıstığı, kırmızı biber, su, zencefil, kişniş, tarçın, zerdeçal, kimyon, rezene ve karabiberle birleştirin, macun kıvamına gelinceye kadar karıştırın ve şimdilik bir kenara koyun.

2. Zeytinyağlı bir tavayı orta ateşte ısıtın, hazırladığınız baharat salçasını ekleyin, iyice karıştırın ve birkaç saniye ısıtın.

3. Tavuk parçalarını ekleyin, karıştırın ve 2 dakika pişirin.

4. Et suyunu ve domatesleri ekleyin, karıştırın, ısıyı en aza indirin ve 30 dakika pişirin.

5. Hindistan cevizi sütünü ekleyin, karıştırın ve 20 dakika daha pişirin.

6. Tuz, karabiber ve limon suyunu ekleyip karıştırın, kaselere paylaştırın ve servis yapın.

Eğlence!

Beslenme:kalori 430, yağ 22, lif 4, karbonhidrat 7, protein 53

84

Öğle yemeği Ispanaklı rulolar

Bunlar kısa sürede hazır olacak!

Hazırlama süresi: 20 dakika

Pişirme süresi: 15 dakika

Porsiyon: 16

İçindekiler:

- 6 yemek kaşığı hindistan cevizi unu
- ½ su bardağı badem unu
- 2 ve ½ bardak mozzarella peyniri, rendelenmiş
- 2 yumurta
- Bir tutam tuz

Dolgu için:

- 4 ons krem peynir
- 6 ons ıspanak, yırtılmış
- Bir damla avokado yağı
- Bir tutam tuz
- ¼ bardak Parmesan, rendelenmiş
- Servis için mayonez

Rota:

1. Tavayı orta ateşte yağla ısıtın, ıspanağı ekleyin ve 2 dakika pişirin.
2. Parmesanı, bir tutam tuzu ve krem peyniri ekleyin, iyice karıştırın, ocaktan alın ve şimdilik bir kenara koyun.
3. Mozzarella peynirini ısıya dayanıklı bir kaba koyun ve mikrodalgada 30 saniye kadar bekletin.
4. Yumurtayı, tuzu, hindistancevizi ve badem ununu ekleyin ve her şeyi birlikte karıştırın.
5. Hamuru kesme tahtası üzerine yerleştirin, üzerine pişirme kağıdı koyun ve oklava ile düzeltin.
6. Hamuru 16 dikdörtgene bölün, her birine ıspanaklı karışımı sürün ve puro şeklinde açın.
7. Tüm ruloları pişirme kağıdı serili bir fırın tepsisine yerleştirin, 350 F sıcaklıktaki fırına koyun ve 15 dakika pişirin.
8. Üzerine mayonez eklenerek servis edilmeden önce ruloların birkaç dakika soğumasını bekleyin.

Eğlence!

Beslenme:kalori 500, yağ 65, lif 4, karbonhidrat 14, protein 32

Lezzetli Biftek Kasesi

Bu kolay ve doyurucu bir keto öğle yemeği! Denemek!

Hazırlama süresi: 15 dakika

Pişirme süresi: 8 dakika

Porsiyon: 4

İçindekiler:

- 16 oz etek biftek
- 4 ons dolmalık biber peyniri, kıyılmış
- 1 su bardağı ekşi krema
- Tatmak için tuz ve karabiber
- 1 avuç kişniş, doğranmış
- Bir parça chipotle adobo sosu

Guacamole için:

- ¼ bardak kırmızı soğan, doğranmış
- 2 avokado, çekirdekleri çıkarılmış ve soyulmuş
- 1 misket limonunun suyu
- 1 yemek kaşığı zeytinyağı
- 6 adet kiraz domates, doğranmış
- 1 diş sarımsak, doğranmış
- 1 yemek kaşığı kişniş, doğranmış

- Tatmak için tuz ve karabiber

Rota:

1. Avokadoyu bir kaseye koyun ve çatalla ezin.
2. Domates, kırmızı soğan, sarımsak, tuz ve karabiberi ekleyip iyice karıştırın.
3. Zeytinyağı, limon suyu ve 1 yemek kaşığı kişnişi ekleyip tekrar iyice karıştırın ve şimdilik bir kenara koyun.
4. Tavayı yüksek ateşte ısıtın, bifteği ekleyin, tuz ve karabiberle tatlandırın, her iki tarafını da 4 dakika kızartın, kesme tahtasına alın, hafifçe soğumaya bırakın ve ince şeritler halinde kesin.
5. Biftekleri 4 kaseye bölün, peyniri, ekşi kremayı ve guacamoleyi ekleyin ve chipotle adobo sosuyla servis yapın.

Eğlence!

Beslenme:kalori 600, yağ 50, lif 6, karbonhidrat 5, protein 30

Köfte ve Pilav

Bu herkesin tadını çıkarabileceği ketojenik bir öğle yemeği!

Hazırlama süresi: 10 dakika

Pişirme süresi: 30 dakika

Porsiyon: 4

İçindekiler:

- 12 ons karnabahar çiçeği
- Tatmak için tuz ve karabiber
- 1 yumurta
- 1 kilo kuzu eti, kıyılmış
- 1 çay kaşığı rezene tohumu
- 1 çay kaşığı kırmızı biber
- 1 çay kaşığı sarımsak tozu
- 1 küçük sarı soğan, ince doğranmış
- 2 diş sarımsak, kıyılmış
- 2 yemek kaşığı hindistancevizi yağı
- 1 demet nane, doğranmış
- 1 yemek kaşığı limon kabuğu
- 4 ons keçi peyniri, ufalanmış

Rota:

1. Karnabahar çiçeklerini mutfak robotuna koyun, tuz ekleyin ve iyice çırpın.

2. Tavayı biraz hindistancevizi yağıyla yağlayın, orta ateşte ısıtın, karnabahar pirincini ekleyin, 8 dakika pişirin, tadına göre tuz ve karabiber ekleyin, ocaktan alın ve sıcak tutun.

3. Bir kapta kuzu etini tuz, karabiber, yumurta, kırmızı biber, sarımsak tozu ve rezene tohumu ile karıştırıp iyice karıştırın.

4. 12 köfte oluşturup bir tabağa koyun.

5. Hindistan cevizi yağı içeren bir tavayı orta ateşte ısıtın, soğanı ekleyin, karıştırın ve 6 dakika pişirin.

6. Sarımsakları ekleyin, karıştırın ve 1 dakika pişirin.

7. Köfteleri ekleyip her tarafını iyice kızartın ve ocaktan alın.

8. Karnabaharlı pilavı tabaklara paylaştırın, üzerine köfte ve soğan karışımını serpin, sonlarına nane, limon kabuğu ve keçi peyniri serpip servis yapın.

Eğlence!

Beslenme:kalori 470, yağ 43, lif 5, karbonhidrat 4, protein 26

Lezzetli brokoli çorbası

Bu harika çorbayı en kısa zamanda deneyin!

Hazırlama süresi: 10 dakika

Pişirme süresi: 30 dakika

Porsiyon: 4

İçindekiler:

- 1 beyaz soğan, ince doğranmış
- 1 yemek kaşığı sıvı yağ
- 2 su bardağı sebze suyu
- Tatmak için tuz ve karabiber
- 2 bardak su
- 2 diş sarımsak, kıyılmış
- 1 bardak ağır krema
- 8 ons kaşar peyniri, rendelenmiş
- 12 ons brokoli çiçeği
- ½ çay kaşığı kırmızı biber

Rota:

1. Bir tencereyi orta ateşte yağla ısıtın, soğanı ve sarımsağı ekleyin, karıştırın ve 5 dakika pişirin.

2. Et suyunu, kremayı, suyu, tuzu, karabiberi ve kırmızı biberi ekleyip karıştırın ve kaynatın.

3. Brokoli ekleyin, karıştırın ve çorbayı 25 dakika pişirin.

4. Mutfak robotuna aktarın ve iyice karıştırın.

5. Peyniri ekleyip tekrar karıştırın.

6. Çorba kaselerine paylaştırıp sıcak olarak servis yapın.

Eğlence!

Beslenme:kalori 350, yağ 34, lif 7, karbonhidrat 7, protein 11

Öğle yemeği yeşil fasulye salatası

Yakında en sevdiğiniz keto salatalarından biri olacak!

Hazırlama süresi: 10 dakika

Pişirme süresi: 5 dakika

Porsiyon: 8

İçindekiler:

- 2 yemek kaşığı beyaz şarap sirkesi
- 1 ve ½ yemek kaşığı hardal
- Tatmak için tuz ve karabiber
- 2 kilo yeşil fasulye
- 1/3 su bardağı sızma zeytinyağı
- 1 ve ½ bardak rezene, ince dilimlenmiş
- 4 ons keçi peyniri, ufalanmış
- ¾ bardak ceviz, kızartılmış ve doğranmış

Rota:

1. Bir tencereye su dökün, biraz tuz ekleyin ve orta ateşte kaynatın.
2. Yeşil fasulyeleri ekleyin, 5 dakika pişirin ve ardından buzlu su dolu bir kaseye aktarın.

3. Yeşil fasulyeleri iyice süzün ve bir salata kasesine koyun.

4. Ceviz, rezene ve keçi peynirini ekleyip yavaşça karıştırın.

5. Sirkeyi hardal, tuz, karabiber ve yağla bir kasede karıştırıp iyice karıştırın.

6. Bunu salatanın üzerine dökün, iyice kaplayın ve öğle yemeğinde servis yapın.

Eğlence!

Beslenme:kalori 200, yağ 14, lif 4, karbonhidrat 5, protein 6

Balkabağı çorbası

Bu keto çorbası çok kremsi ve kalın! Bugün öğle yemeğinde

gerçekten denemelisiniz!

Hazırlama süresi: 10 dakika

Pişirme süresi: 20 dakika

Porsiyon: 6

İçindekiler:

- ½ bardak sarı soğan, ince doğranmış
- 2 yemek kaşığı zeytinyağı
- 1 yemek kaşığı adobo soslu chipotles
- 1 diş sarımsak, doğranmış
- 1 çay kaşığı kimyon, öğütülmüş
- 1 çay kaşığı kişniş, öğütülmüş
- Bir tutam yenibahar
- 2 su bardağı kabak püresi
- Tatmak için tuz ve karabiber
- 32 ons tavuk suyu
- ½ bardak ağır krema
- 2 çay kaşığı sirke
- 2 çay kaşığı stevia

Rota:

1. Orta ateşte bir tencereyi yağla ısıtın, soğanı ve sarımsağı ekleyin, karıştırın ve 4 dakika pişirin.
2. Stevia, kimyon, kişniş, chipotle ve kimyonu ekleyin, karıştırın ve 2 dakika pişirin.
3. Et suyunu ve kabak püresini ekleyip karıştırın ve 5 dakika pişirin.
4. Çorbayı bir çubuk blender ile iyice karıştırın, ardından tuz, karabiber, krema ve sirke ile karıştırın.
5. Karıştırın, 5 dakika daha pişirin ve kaselere bölün.
6. Derhal servis yapın.

Eğlence!

Beslenme:kalori 140, yağ 12, lif 3, karbonhidrat 6, protein 2

Lezzetli yeşil fasulye güveç

Bu kesinlikle sizi etkileyecek!

Hazırlama süresi: 10 dakika

Pişirme süresi: 35 dakika

Porsiyon: 8

İçindekiler:

- 1 kilo yeşil fasulye, ikiye bölünmüş
- Tatmak için tuz ve karabiber
- ½ su bardağı badem unu
- 2 yemek kaşığı tereyağı
- 8 ons mantar, doğranmış
- 4 ons soğan, doğranmış
- 2 arpacık, ince doğranmış
- 3 diş sarımsak, doğranmış
- ½ su bardağı tavuk suyu
- ½ bardak ağır krema
- ¼ bardak Parmesan, rendelenmiş
- Kızartmak için avokado yağı

Rota:

1. Bir tencereye su koyun, tuz ekleyin, orta ateşte kaynatın, yeşil fasulyeleri ekleyin, 5 dakika pişirin, buzlu su dolu bir kaba aktarın, soğutun, iyice süzün ve bir kenara koyun.
2. Bir kapta arpacık soğanını soğan, badem unu, tuz ve karabiberle karıştırın ve kaplayın.
3. Tavayı biraz avokado yağı ile orta ateşte ısıtın, soğanları ve arpacık soğanı ekleyin ve altın rengi olana kadar kızartın.
4. Kağıt havlulara aktarın ve yağını boşaltın.
5. Aynı tavayı orta ateşte ısıtın, yağı ekleyin ve eritin.
6. Sarımsak ve mantarları ekleyin, karıştırın ve 5 dakika pişirin.
7. Et suyunu ve kremayı ekleyin, karıştırın, kaynatın ve koyulaşana kadar pişirin.
8. Parmesanı ve yeşil fasulyeyi ekleyin, kapağını kapatın ve ocaktan alın.
9. Bu karışımı bir fırın tepsisine aktarın, üzerine çıtır soğan karışımını serpin, 400 F'deki fırına koyun ve 15 dakika pişirin.
10. Sıcak servis yapın.

Eğlence!

Beslenme:kalori 155, yağ 11, lif 6, karbonhidrat 8, protein 5

Basit öğle yemeği elma salatası

Bu sadece ketojenik değil! Aynı zamanda çok lezzetli!

Hazırlama süresi: 10 dakika

Pişirme süresi: 0 dakika

Porsiyon: 4

İçindekiler:

- 2 su bardağı brokoli çiçeği, kabaca doğranmış
- 2 ons ceviz, doğranmış
- 1 elma, çekirdeği çıkarılmış ve rendelenmiş
- 1 sap yeşil soğan, ince doğranmış
- Tatmak için tuz ve karabiber
- 2 çay kaşığı haşhaş tohumu
- 1 çay kaşığı elma sirkesi
- ¼ bardak mayonez
- ½ çay kaşığı limon suyu
- ¼ bardak ekşi krema

Rota:

1. Bir salata kasesinde elmaları brokoli, yeşil soğan ve cevizlerle birleştirin, ardından karıştırın.

2. Haşhaş tohumlarını, tuzu ve karabiberi ekleyip dikkatlice karıştırın.

3. Mayonezi ekşi krema, sirke ve limon suyuyla bir kasede karıştırın ve iyice karıştırın.

4. Bunu bir salatanın üzerine dökün, iyice kaplayın ve öğle yemeğinde soğuk olarak servis yapın!

Eğlence!

Beslenme:kalori 250, yağ 23, lif 4, karbonhidrat 4, protein 5

Brüksel lahanası gratine

Bu yoğun ve zengin bir keto öğle yemeği fikri!

Hazırlama süresi: 10 dakika

Pişirme süresi: 35 dakika

Porsiyon: 4

İçindekiler:

- 2 ons soğan, doğranmış
- 1 çay kaşığı sarımsak, kıyılmış
- 6 ons Brüksel lahanası, doğranmış
- 2 yemek kaşığı tereyağı
- 1 yemek kaşığı hindistancevizi amino asitleri
- Tatmak için tuz ve karabiber
- ½ çay kaşığı sıvı duman

Sosu için:

- 2,5 ons kaşar peyniri, rendelenmiş
- Bir tutam karabiber
- 1 yemek kaşığı sıvı yağ
- ½ bardak ağır krema
- ¼ çay kaşığı zerdeçal
- ¼ çay kaşığı kırmızı biber
- Bir tutam ksantan sakızı

Domuz derisi için:

- 3 yemek kaşığı Parmesan
- 0,5 ons domuz kabuğu
- ½ çay kaşığı tatlı kırmızı biber

Rota:

1. Bir tavayı 2 yemek kaşığı yağla ısıtın, Brüksel lahanasını, tuzu ve karabiberi ekleyin, karıştırın ve 3 dakika pişirin.
2. Sarımsak ve soğanı ekleyin, karıştırın ve 3 dakika daha pişirin.
3. Sıvı dumanı ve hindistancevizi aminolarını ekleyin, karıştırın, ocaktan alın ve şimdilik bir kenara koyun.
4. Başka bir tavayı 1 çorba kaşığı yağ ile orta ateşte ısıtın, kremayı ekleyin ve karıştırın.
5. Peyniri, karabiberi, zerdeçalı, kırmızı biberi ve ksantan sakızını ekleyip karıştırın ve tekrar koyulaşana kadar pişirin.
6. Brüksel lahanası karışımını ekleyip kaplamanın içine dökün ve yayın.
7. Mutfak robotunda Parmesan'ı domuz kabukları ve ½ çay kaşığı kırmızı biberle birleştirin ve iyice karıştırın.
8. Bu kırıntıları brüksel lahanası karışımının üzerine yayın, ramekinleri 375F fırına yerleştirin ve 20 dakika pişirin.
9. Derhal servis yapın.

Eğlence!

Beslenme:kalori 300, yağ 20, lif 6, karbonhidrat 5, protein 10

Basit kuşkonmaz öğle yemeği

Bu basit ve çok lezzetli keto öğle yemeğini hazırlamak için yalnızca birkaç malzemeye ve birkaç dakika zamana ihtiyacınız var!

Hazırlama süresi: 10 dakika

Pişirme süresi: 10 dakika

Porsiyon: 4

İçindekiler:

- 2 yumurta sarısı
- Tatmak için tuz ve karabiber
- ¼ fincan tereyağı
- 1 yemek kaşığı limon suyu
- Bir tutam acı biber
- 40 kuşkonmaz mızrağı

Rota:

1. Bir kapta yumurta sarısını iyice çırpın.
2. Bunu düşük ateşte küçük bir tavaya aktarın.
3. Limon suyunu ekleyin ve iyice karıştırın.
4. Tereyağı ekleyin ve eriyene kadar karıştırın.
5. Tuz, karabiber ve pul biberi ekleyip tekrar iyice karıştırın.

6. Bu arada tavayı orta ateşte ısıtın, kuşkonmaz saplarını ekleyin ve 5 dakika kızartın.

7. Kuşkonmazı tabaklara paylaştırıp, üzerine hazırladığınız sosu döküp servis yapın.

Eğlence!

Beslenme:kalori 150, yağ 13, lif 6, karbonhidrat 2, protein 3

Basit karidesli makarna

Bu lezzetli!

Hazırlama süresi: 10 dakika

Pişirme süresi: 10 dakika

Porsiyon: 4

İçindekiler:

- 12 oz melek kılı makarna
- 2 yemek kaşığı zeytinyağı
- Tatmak için tuz ve karabiber
- 2 yemek kaşığı tereyağı
- 4 diş sarımsak, doğranmış
- 1 kiloluk karides, çiğ, soyulmuş ve ayrılmış
- ½ limon suyu
- ½ çay kaşığı kırmızı biber
- Bir avuç fesleğen, doğranmış

Rota:

1. Bir tencereye su dökün, tuz ekleyin, kaynatın, makarnayı ekleyin, 2 dakika pişirin, süzün ve ısıtılmış tavaya aktarın.

2. Makarnayı birkaç saniye kızartın, ocaktan alın ve bir kenara koyun.

3. Tavayı sıvı yağ ve zeytinyağı ile orta ateşte ısıtın, sarımsakları ekleyin, karıştırın ve 1 dakika kızartın.

4. Karides ve limon suyunu ekleyip her iki tarafını da 3'er dakika pişirin.

5. Makarnayı ekleyin, tuz ve karabiberle tatlandırın, karıştırın, kaselere paylaştırın ve üzerine kıyılmış fesleğen ekleyerek servis yapın.

Eğlence!

Beslenme:kalori 300, yağ 20, lif 6, karbonhidrat 3, protein 30

Peynirli Tostlar

Hazırlanma zamanı: 12 dakika

Pişirme süresi: 3 dakika

Porsiyon: 5

İçindekiler:

- 8 oz. mozzarella topları
- 1 yumurta
- ½ su bardağı kıyılmış hindistan cevizi
- ½ su bardağı badem unu
- 1 çay kaşığı kekik
- 1 çay kaşığı öğütülmüş karabiber
- 1 çay kaşığı kırmızı biber
  Rota:

1. Yumurtayı kaseye kırın ve çırpın.
2. Daha sonra hindistancevizi ununu kekik, karabiber ve kırmızı biberle karıştırın. Dikkatlice karıştırın.
3. Daha sonra mozzarella toplarının üzerine rendelenmiş hindistan cevizini serpin.
4. Daha sonra topları çırpılmış yumurta karışımına ekleyin.
5. Daha sonra badem unu karışımına bulayın.
6. Mozzarella toplarını 5 dakika dondurucuya koyun.
7. Bu arada fırını 400F'ye önceden ısıtın.

8. Dondurulmuş peynir toplarını önceden ısıtılmış fırına koyun ve 3 dakika pişirin.

9. Süre dolduğunda peynir küplerini hava fritözü sepetinden çıkarın ve 2 dakika soğutun.

10. Yemeği servis edin!

Beslenme:kalori 166, yağ 12,8, lif 1,4, karbonhidratlar 2,8, protein 9,5

Sosis topları

Hazırlanma zamanı:10 dakika

Pişirme süresi: 8 dakika

Porsiyon: 5

İçindekiler:

- 8 oz. Kıyılmış tavuk
- 1 yumurta beyazı
- 1 yemek kaşığı kurutulmuş maydanoz
- ½ çay kaşığı tuz
- ½ çay kaşığı öğütülmüş karabiber
- 2 yemek kaşığı badem unu
- 1 yemek kaşığı zeytinyağı
- 1 çay kaşığı kırmızı biber
-

Rota:

1. Yumurta aklarını çırpın ve kıyılmış tavukla karıştırın.
2. Tavuk karışımına kurutulmuş maydanoz ve tuz serpin.
3. Daha sonra öğütülmüş karabiber ve kırmızı biberi ekleyin.
4. Kaşık kullanarak kütleyi dikkatlice karıştırın.
5. Daha sonra ellerinizi ıslatın ve kıyılmış tavuk karışımından küçük toplar yapın.
6. Her sosis topunu badem unu ile serpin.

7. Fırını 380F'ye önceden ısıtın.

8. Daha sonra hava fritözünün sepet tepsisine zeytinyağını püskürtün ve sosis toplarını buraya yerleştirin.

9. Tencereyi 8 dakika pişirin.

10. <u>Ayrıca pişirme sırasında topları diğer tarafa çevirerek her iki tarafının da kahverengi olmasını sağlayabilirsiniz.</u>

11. <u>Pişen sosis toplarını servis tabaklarına aktarın.</u>

12. <u>Eğlence!</u>

Beslenme:kalori 180, yağ 11,8, lif 1,5, karbonhidratlar 2,9, protein 16,3

Tofu Mücadelesi

Hazırlanma zamanı:15 dakika

Pişirme süresi: 20 dakika

Porsiyon: 5

İçindekiler:

- 10 ons tofu peyniri
- 2 yumurta
- 1 çay kaşığı frenk soğanı
- 1 yemek kaşığı elma sirkesi
- ½ çay kaşığı tuz
- 1 çay kaşığı öğütülmüş beyaz biber
- ¼ çay kaşığı öğütülmüş kişniş

Rota:

1. Tofu peynirini parçalayıp üzerine elma sirkesi, tuz, öğütülmüş beyaz biber ve öğütülmüş kişniş serpin.
2. Karıştırın ve 10 dakika marine etmeye bırakın.
3. Bu arada fırını 370F'ye önceden ısıtın.
4. Daha sonra marine edilmiş rendelenmiş tofu peynirini hava fritözünün sepet tepsisine aktarın ve peyniri 13 dakika pişirin.
5. Bu arada kasedeki yumurtaları çırpın ve çırpın.

6. Süre dolduğunda yumurtalı karışımı rendelenmiş tofu peynirinin içine dökün ve spatulayla iyice karıştırın.

7. Yumurta sertleşmeye başladığında, hava fritözü sepeti tepsisini hava fritözüne yerleştirin ve yemeği 7 dakika pişirmeye devam edin.

8. Daha sonra pişmiş yiyeceği hava fritözünün sepet tepsisinden çıkarın ve servis yapın.

9. Eğlence!

Beslenme:kalori 109, yağ 6,7, lif 1,4, karbonhidratlar 2,9, protein 11,2

Kenevir tohumu lapası

Hazırlanma zamanı: 10 dakika

Pişirme süresi: 15 dakika

Porsiyon: 3

İçindekiler:

- 2 yemek kaşığı keten tohumu
- 4 yemek kaşığı kenevir tohumu
- 1 yemek kaşığı tereyağı
- ¼ çay kaşığı tuz
- 1 çay kaşığı stevia
- 7 yemek kaşığı badem sütü
- ½ çay kaşığı öğütülmüş zencefil

Rota:

1. Keten tohumunu ve kenevir tohumunu hava fritözü sepetine yerleştirin.
2. Tohumları tuz ve öğütülmüş zencefil serpin.
3. Badem sütü ve steviayı karıştırın. Sıvıyı karıştırın ve tohum karışımına dökün.
4. Bundan sonra tereyağını ekleyin.
5. Fırını önceden 370 F'ye ısıtın ve kenevir tohumu lapasını 15 dakika pişirin.
6. 10 dakika piştikten sonra iyice karıştırın.

7. Süre dolduğunda, kenarlı yulaf lapasını hava fritözünün sepet tepsisinden çıkarın ve 3 dakika soğutun.

8. Kenevir tohumu lapasını servis kaselerine aktarın.

9. Eğlence!

Beslenme:kalori 196, yağ 18,2, lif 2,4, karbonhidratlar 4,2, protein 5,1

Pastırmalı yumurta

Hazırlanma zamanı:10 dakika

Pişirme süresi: 10 dakika

Porsiyon: 4

İçindekiler:

- 6 oz. domuz pastırması
- 4 yumurta
- 5 yemek kaşığı ağır krema
- 1 yemek kaşığı tereyağı
- 1 çay kaşığı kırmızı biber
- ½ çay kaşığı hindistan cevizi
- 1 çay kaşığı tuz
- 1 çay kaşığı öğütülmüş karabiber

Rota:

1. Pastırmayı küçük parçalar halinde kesin ve üzerine tuz serpin.
2. Pastırmayı dikkatlice karıştırın ve hava fritözü sepetine yerleştirin.
3. Kıyılmış pastırmayı önceden 360 F'ye ısıtılmış fanlı fırında 5 dakika kızartın.
4. Bu arada kasedeki yumurtaları çırpın ve el çırpıcısıyla çırpın.

5. Çırpılmış yumurta karışımına kırmızı biber, hindistan cevizi ve öğütülmüş karabiber serpin.

6. Yumurta karışımını tekrar dikkatlice çırpın.

7. Süre dolduğunda tereyağını doğranmış pastırmaya atın ve yumurta karışımını dökün.

8. Kremayı ekleyip 2 dakika pişirin.

9. Daha sonra karışımı spatula yardımıyla çırpılmış yumurta elde edilinceye kadar karıştırın ve tencerede 3 dakika daha pişirin.

10. <u>Daha sonra pişmiş pastırmalı çırpılmış yumurtaları servis tabaklarına yerleştirin.</u>

11. <u>Eğlence!</u>

Beslenme:kalori 387, yağ 32,1, lif 0,4, karbonhidratlar 2,3, protein 21,9

Keyifli kahvaltı karma

Hazırlanma zamanı:8 dakika

Pişirme süresi: 8 dakika

Porsiyon: 4

İçindekiler:

- 1 kabak
- 7 oz. pastırma, pişmiş
- 115 gram. Çedar peyniri
- 2 yemek kaşığı tereyağı
- 1 çay kaşığı tuz
- 1 çay kaşığı öğütülmüş karabiber
- 1 çay kaşığı kırmızı biber
- 1 çay kaşığı kişniş
- 1 çay kaşığı öğütülmüş kekik

Rota:

1. Kabağı küçük küpler halinde kesin, üzerine tuz, karabiber, kırmızı biber, kişniş ve öğütülmüş kekik serpin.
2. Hava fritözünü önceden 400 F'ye ısıtın ve tereyağını hava fritöz sepeti tepsisine atın.
3. Kabak küplerini eritip ekleyin.
4. Kabağı 5 dakika pişirin.
5. Bu arada kaşar peynirini rendeleyin.

6. Süre dolduğunda kabak küplerini hafifçe sallayın ve pişmiş pastırmayı ekleyin.

7. Rendelenmiş peyniri kabak karışımının üzerine serpin ve 3 dakika daha pişirin.

8. Süre dolduğunda kahvaltılık karışımı servis kaselerine koyun ve karıştırın.

9. Eğlence!

Beslenme:kalori 445, yağ 36,1, lif 1, karbonhidrat 3,5, protein 26,3

Yeşillikli kaşarlı sufle

Hazırlanma zamanı:10 dakika

Pişirme süresi: 8 dakika

Porsiyon: 4

İçindekiler:

- 5 oz. Kaşar peyniri, rendelenmiş
- 3 yumurta
- 4 yemek kaşığı ağır krema
- 1 yemek kaşığı frenk soğanı
- 1 yemek kaşığı dereotu
- 1 çay kaşığı maydanoz
- ½ çay kaşığı öğütülmüş kekik

Rota:

1. Yumurtaları kaseye kırın ve yavaşça çırpın.
2. Daha sonra kremayı ekleyip 10 saniye daha karıştırın.
3. Daha sonra frenk soğanı, dereotu, maydanoz ve öğütülmüş kekiği ekleyin.
4. Yumurta karışımını rendelenmiş peynirle serpin ve karıştırın.
5. Yumurta karışımını 4 ramekine aktarın ve pişirme kabına yerleştirin.
6. Fırını önceden 390 F'ye ısıtın ve sufleyi 8 dakika pişirin.

7. Süre dolduğunda ve sufle pişince iyice soğutun.

8. Eğlence!

Beslenme:kalori 244, yağ 20,6, lif 0,2, karbonhidratlar 1,7, protein 13,5

Pastırmalı Bisküvi

Hazırlanma zamanı:15 dakika

Pişirme süresi: 10 dakika

Porsiyon: 6

İçindekiler:

- 1 yumurta
- 115 gram. pastırma, pişmiş
- 1 su bardağı badem unu
- ½ çay kaşığı karbonat
- 1 yemek kaşığı elma sirkesi
- 3 yemek kaşığı tereyağı
- 4 yemek kaşığı ağır krema
- 1 çay kaşığı kurutulmuş kekik

Rota:

1. Yumurtayı kaseye kırın ve çırpın.
2. Pişmiş pastırmayı küçük küpler halinde kesin ve çırpılmış yumurtaya ekleyin.
3. Daha sonra karışıma kabartma tozu ve elma sirkesi serpin.
4. Kremayı ve kurutulmuş kekiği ekleyin. Karıştırın.
5. Daha sonra tereyağını ve badem ununu ekleyin.
6. El mikseri ile karıştırın.

7. Pürüzsüz ve akıcı bir hamur elde ettiğinizde hamur pişmiş demektir.

8. Fırını 400F'ye önceden ısıtın.

9. Muffin kalıplarına hamuru dökün.

10. Hava fritözü önceden ısıtıldığında, muffin kalıplarını hava fritözü sepetine yerleştirin ve 10 dakika pişirin.

11. Süre dolduğunda ve kekler hazır olduğunda, onları fritözden çıkarın.

12. Muffinleri oda sıcaklığına soğutun.

13. Hizmet ediyorum!

Beslenme:kalori 226, yağ 20,5, lif 0,6, karbonhidratlar 1,8, protein 9,2

Keto Frittata

Hazırlanma zamanı:10 dakika

Pişirme süresi: 15 dakika

Porsiyon: 6

İçindekiler:

- 6 yumurta
- 1/3 bardak ağır krema
- 1 domates
- 1/2 soğan
- 1 yemek kaşığı tereyağı
- 1 çay kaşığı tuz
- 1 yemek kaşığı kurutulmuş kekik
- 6 oz. Parmesan Peyniri
- 1 çay kaşığı pul biber

Rota:

1. Yumurtaları fritözün sepet tepsisinde çırpın ve el çırpıcısını kullanarak çırpın.
2. Bundan sonra domatesi doğrayın ve soğanı yemeklik doğrayın.
3. Yumurtalı karışıma sebzeleri ekleyin.
4. Daha sonra üzerine koyu kremayı dökün.

5. Sıvı karışıma tereyağı, tuz, kurutulmuş kekik ve pul biberi serpin.
6. Daha sonra parmesan peynirini rendeleyip karışıma ekleyin.
7. Karışımı silikon spatula ile yayın.
8. Fırını önceden 375 F'ye ısıtın ve frittata'yı 15 dakika pişirin.
9. Süre dolduğunda frittataları servis tabaklarına koyun.
10. <u>Eğlence!</u>

Beslenme:kalori 202, yağ 15, lif 0,7, karbonhidratlar 3,4, protein 15,1

16.1

Muhteşem pastırma ve mantar şişleri

Bu basit ve çok lezzetli öğle yemeğini hazırlamak için sadece 20 dakikaya ihtiyacınız var!

Hazırlama süresi: 10 dakika

Pişirme süresi: 20 dakika

Porsiyon: 6

İçindekiler:

- 1 kilo mantar kapağı
- 6 şerit pastırma
- Tatmak için tuz ve karabiber
- ½ çay kaşığı tatlı kırmızı biber
- Biraz tatlı mesquite

Rota:

1. Mantar kapaklarını tuz, karabiber ve kırmızı biberle tatlandırın.
2. Şişin ucuna bir dilim pastırma yapıştırın.
3. Bir mantar kapağını zıpkınlayın ve pastırmanın üzerine katlayın.
4. Mantar-domuz pastırması örgüsü elde edene kadar tekrarlayın.

5. Kalan mantar ve pastırma şeritleriyle aynı işlemi tekrarlayın.

6. Tatlı mesquite ile tatlandırın, tüm şişleri orta ateşte önceden ısıtılmış mutfak ızgarasına yerleştirin, 10 dakika pişirin, çevirin ve 10 dakika daha pişirin.

7. Tabaklara paylaştırın ve öğle yemeğinde yan salatayla servis yapın!

Eğlence!

Beslenme:kalori 110, yağ 7, lif 4, karbonhidrat 2, protein 10

Basit domates çorbası

Keto öğle yemeği hazırlamak sadece 5 dakikanızı alır!

Hazırlama süresi: 10 dakika

Pişirme süresi: 5 dakika

Porsiyon: 4

İçindekiler:

- 1 litre konserve domates çorbası
- 4 yemek kaşığı sıvı yağ
- ¼ bardak zeytinyağı
- ¼ bardak sıcak acı sos
- 2 yemek kaşığı elma sirkesi
- Tatmak için tuz ve karabiber
- 1 çay kaşığı kekik, kurutulmuş
- 2 çay kaşığı zerdeçal, öğütülmüş
- 8 dilim pastırma, pişmiş ve ufalanmış
- Bir avuç yeşil soğan, ince doğranmış
- Bir avuç fesleğen yaprağı, doğranmış

Rota:

1. Domates çorbasını tencereye alıp orta ateşte kaynatın.

2. Zeytinyağı, sade yağ, acı sos, sirke, tuz, karabiber, zerdeçal ve kekik ekleyin, karıştırın ve 5 dakika pişirin.

3. Ateşten alın, çorbayı kaselere bölün, üzerine pastırma kırıntıları, fesleğen ve yeşil soğan ekleyin.

Eğlence!

Beslenme:kalori 400, yağ 34, lif 7, karbonhidrat 10, protein 12

Pastırma sarılı sosis

Bunlar çok sevimli! Bu keto öğle yemeğine kesinlikle bayılacaksınız!

Hazırlama süresi: 10 dakika

Pişirme süresi: 30 dakika

Porsiyon: 4

İçindekiler:

- 8 şerit pastırma
- 8 sosis
- 16 dilim kırmızı biber peyniri
- Tatmak için tuz ve karabiber
- Bir tutam sarımsak tozu
- ½ çay kaşığı tatlı kırmızı biber
- 1 tutam soğan tozu

Rota:

1. Mutfak ızgarasını orta ateşte ısıtın, sosisleri ekleyin, her iki tarafını da birkaç dakika pişirin, bir tabağa koyun ve soğuması için birkaç dakika kenara koyun.

2. Her sosisin ortasında cepler oluşturacak bir yarık kesin, her birini 2 dilim peynirle doldurun ve tuz,

karabiber, kırmızı biber, soğan ve sarımsak tozuyla baharatlayın.

3. Doldurulmuş sosisleri bir pastırma şeridine sarın, bir kürdan ile sabitleyin, pişirme kağıdı serili bir fırın tepsisine yerleştirin, 400F'deki fırına koyun ve 15 dakika pişirin.

4. Öğle yemeğinde sıcak servis yapın!

Eğlence!

Beslenme:kalori 500, yağ 37, lif 12, karbonhidrat 4, protein 40

Öğle Yemeği Istakoz Bisque

Öğle yemeği için özel bir keto tarifi mi arıyorsunuz? Bir sonrakini deneyin!

Hazırlama süresi: 10 dakika

Pişirme süresi: 1 saat

Porsiyon: 4

İçindekiler:

- 4 diş sarımsak, doğranmış
- 1 küçük kırmızı soğan ince doğranmış
- 24 ons ıstakoz parçaları, önceden pişirilmiş
- Tatmak için tuz ve karabiber
- ½ su bardağı domates püresi
- 2 havuç, ince doğranmış
- 4 sap kereviz, doğranmış
- 1 litre deniz ürünleri suyu
- 1 yemek kaşığı zeytinyağı
- 1 bardak ağır krema
- 3 defne yaprağı
- 1 çay kaşığı kekik, kurutulmuş
- 1 çay kaşığı karabiber

- 1 çay kaşığı kırmızı biber
- 1 çay kaşığı ksantan sakızı
- Bir avuç maydanoz, doğranmış
- 1 yemek kaşığı limon suyu

Rota:

1. Tavayı orta ateşte yağla ısıtın, soğanı ekleyin, karıştırın ve 4 dakika pişirin.
2. Sarımsakları ekleyin, karıştırın ve 1 dakika daha pişirin.
3. Kereviz ve havucu ekleyin, karıştırın ve 1 dakika pişirin.
4. Domates salçasını ve suyunu ekleyin ve her şeyi birlikte karıştırın.
5. Defne yaprağını, tuzu, karabiberi, karabiberi, kırmızı biberi, kekiği ve ksantan sakızını ekleyip karıştırın ve orta ateşte 1 saat pişirin.
6. Defne yaprağını atın, kremayı ekleyin ve kaynatın.
7. Bir blender ile karıştırın, ıstakoz parçalarını ekleyin ve birkaç dakika daha pişirin.
8. Limon suyunu ekleyin, karıştırın, kaselere paylaştırın ve üzerine maydanoz serpin.

Eğlence!

Beslenme:kalori 200, yağ 12, lif 7, karbonhidrat 6, protein 12

Basit Hellim Salatası

Sadece gerekli tüm malzemeleri toplayın ve en iyi keto öğle yemeğinin tadını çıkarın!

Hazırlama süresi: 10 dakika

Pişirme süresi: 10 dakika

Porsiyonlar: 1

İçindekiler:

- 3 ons hellim peyniri, dilimlenmiş
- 1 salatalık, dilimlenmiş
- 1 ons ceviz, doğranmış
- Bir damla zeytinyağı
- Bir avuç bebek roka
- 5 adet ikiye kesilmiş kiraz domates
- Bir miktar balzamik sirke
- Tatmak için tuz ve karabiber

Rota:

1. Mutfak ızgarasını orta ateşte ısıtın, hellim parçalarını ekleyin, her iki tarafını da 5'er dakika kızartıp bir tabağa aktarın.

2. Bir kapta domatesleri salatalık, ceviz ve rokayla karıştırın.

3. Üstüne hellim parçalarını yerleştirin, her şeyi tuz ve karabiberle tatlandırın, üzerine yağ ve sirke serpin, üzerini örtün ve servis yapın.

Eğlence!

Beslenme:kalori 450, yağ 43, lif 5, karbonhidrat 4, protein 21

Öğle yemeği güveci

O kadar doyurucu ve lezzetli ki! Bize güven!

Hazırlama süresi: 10 dakika

Pişirme süresi:3 saat 30 dakika

Porsiyon: 6

İçindekiler:

- 8 domates, doğranmış
- 5 kilo dana incik
- 3 havuç, ince doğranmış
- 8 diş sarımsak, doğranmış
- 2 soğan, doğranmış
- 2 bardak su
- 1 litre tavuk suyu
- ¼ bardak domates sosu
- Tatmak için tuz ve karabiber
- 2 yemek kaşığı elma sirkesi
- 3 defne yaprağı
- 3 çay kaşığı kırmızı biber, ezilmiş
- 2 çay kaşığı maydanoz, kurutulmuş
- 2 çay kaşığı fesleğen, kurutulmuş

- 2 çay kaşığı sarımsak tozu
- 2 çay kaşığı soğan tozu
- Bir tutam acı biber

Rota:

1. Tencereyi orta ateşte ısıtın, sarımsak, havuç ve soğanı ekleyin, karıştırın ve birkaç dakika kızartın.
2. Tavayı orta ateşte ısıtın, eti ekleyin, her iki tarafını da birkaç dakika kızartın, ardından ocaktan alın.
3. Havuçlara et suyu ekleyin, su ve sirkeyi ekleyip karıştırın.
4. Domatesi, domates sosunu, tuzu, biberi, kırmızı biberi, kırılmış biberi, defne yaprağını, fesleğeni, maydanozu, soğan tozunu ve sarımsak tozunu ekleyip karıştırın.
5. Dana incik ekleyin, tencerenin kapağını kapatın, kaynatın ve 3 saat pişirin.
6. Defne yapraklarını atın, kaselere paylaştırın ve servis yapın.

Eğlence!

Beslenme:kalori 500, yağ 22, lif 4, karbonhidrat 6, protein 56

Tavuk ve Karides

Bu harika bir kombinasyon! Göreceksin!

Hazırlama süresi: 10 dakika

Pişirme süresi: 20 dakika

Porsiyon: 2

İçindekiler:

- 20 karides, çiğ, soyulmuş ve kabuğu çıkarılmış
- 2 kemiksiz ve derisiz tavuk göğsü
- 2 avuç ıspanak yaprağı
- ½ kilo mantar, kabaca doğranmış
- Tatmak için tuz ve karabiber
- ¼ bardak mayonez
- 2 yemek kaşığı sriracha
- 2 çay kaşığı limon suyu
- 1 yemek kaşığı hindistancevizi yağı
- ½ çay kaşığı kırmızı biber, ezilmiş
- 1 çay kaşığı sarımsak tozu
- ½ çay kaşığı kırmızı biber
- ¼ çay kaşığı ksantan sakızı
- 1 sap yeşil soğan, ince doğranmış

Rota:

1. Tavayı orta ateşte yağla ısıtın, tavuk göğüslerini, tuzu ve karabiberi ekleyin, kırmızı biber ve sarımsak tozunu ekleyin, 8 dakika pişirin, çevirin ve 6 dakika daha pişirin.
2. Mantarları, tuzu ve karabiberi ekleyip birkaç dakika pişirin.
3. Başka bir tavayı orta ateşte ısıtın, karides, sriracha, kırmızı biber, ksantan ve mayonezi ekleyin, karıştırın ve karidesler pembeleşene kadar pişirin.
4. Ateşten alıp limon suyunu ekleyin ve hepsini karıştırın.
5. Ispanakları tabaklara paylaştırın, tavuk ve mantarları ayırın, üzerine karides karışımını koyun, yeşil soğanla süsleyip servis yapın.

Eğlence!

Beslenme:kalori 500, yağ 34, lif 10, karbonhidrat 3, protein 40

Yeşil çorba

Bu gerçekten harika!

Hazırlama süresi: 10 dakika

Pişirme süresi: 13 dakika

Porsiyon: 6

İçindekiler:

- 1 baş karnabahar, çiçekleri ayrılmış
- 1 beyaz soğan, ince doğranmış
- 1 defne yaprağı, ezilmiş
- 2 diş sarımsak, kıyılmış
- 5 ons su teresi
- 7 ons ıspanak yaprağı
- 1 litre sebze suyu
- 1 bardak hindistan cevizi sütü
- Tatmak için tuz ve karabiber
- ¼ fincan tereyağı
- Servis için bir avuç maydanoz

Rota:

1. Tavayı orta ateşte yağla ısıtın, sarımsak ve soğanı ekleyin, karıştırın ve 4 dakika kızartın.

2. Karnabaharı ve defne yapraklarını ekleyin, karıştırın ve 5 dakika pişirin.
3. Su teresi ve ıspanağı ekleyin, karıştırın ve 3 dakika pişirin.
4. Et suyunu, tuzu ve karabiberi ekleyip karıştırın ve kaynatın.
5. Hindistan cevizi sütünü ekleyin, karıştırın, ocaktan alın ve bir çubuk blender ile karıştırın.
6. Kaselere paylaştırıp hemen servis yapın.

Eğlence!

Beslenme:kalori 230, yağ 34, lif 3, karbonhidrat 5, protein 7

Caprese salatası

Bu dünya çapında çok iyi biliniyor ancak ketojenik diyetle de bundan vazgeçilebileceğini biliyor muydunuz?

Hazırlama süresi: 5 dakika

Pişirme süresi: 0 dakika

Porsiyon: 2

İçindekiler:

- ½ pound mozzarella peyniri, dilimlenmiş
- 1 domates, dilimlenmiş
- Tatmak için tuz ve karabiber
- 4 fesleğen yaprağı, yırtılmış
- 1 yemek kaşığı balzamik sirke
- 1 yemek kaşığı zeytinyağı

Rota:

1. 2 tabakta dönüşümlü domates ve mozzarella dilimleri.
2. Tuz ve karabiber serpin, üzerine sirke ve zeytinyağı serpin.
3. Son olarak fesleğen yapraklarını serpip servis yapın.

Eğlence!

Somon çorbası

Bu çok kremsi!

Hazırlama süresi: 10 dakika

Pişirme süresi: 25 dakika

Porsiyon: 4

İçindekiler:

- 4 pırasa, kesilmiş ve dilimlenmiş
- Tatmak için tuz ve karabiber
- 2 yemek kaşığı avokado yağı
- 2 diş sarımsak, kıyılmış
- 6 su bardağı tavuk suyu
- 1 kilo somon, doğranmış
- 2 çay kaşığı kekik, kurutulmuş
- 1 ve ¾ su bardağı hindistan cevizi sütü

Rota:

1. Orta ateşte bir tencereyi yağla ısıtın, pırasayı ve sarımsağı ekleyin, karıştırın ve 5 dakika pişirin.
2. Kekik, et suyu, tuz ve karabiberi ekleyip karıştırın ve 15 dakika pişirin.
3. Hindistan cevizi sütünü ve somonu ekleyin, karıştırın ve tekrar kaynatın.

4. Kaselere paylaştırıp hemen servis yapın.

Eğlence!

Beslenme:kalori 270, yağ 12, lif 3, karbonhidrat 5, protein 32

Muhteşem halibut çorbası

Eğer keto diyeti uyguluyorsanız bu öğle yemeği fikrini mutlaka deneyin!

Hazırlama süresi: 10 dakika

Pişirme süresi: 30 dakika

Porsiyon: 4

İçindekiler:

- 1 sarı soğan, ince doğranmış
- 1 kilo havuç, dilimlenmiş
- 1 yemek kaşığı hindistancevizi yağı
- Tatmak için tuz ve karabiber
- 2 yemek kaşığı zencefil, kıyılmış
- 1 bardak su
- 1 kilo halibut, orta boy küpler halinde kesilmiş
- 12 su bardağı tavuk suyu

Rota:

1. Tavayı orta ateşte yağla ısıtın, soğanı ekleyin, karıştırın ve 6 dakika pişirin.

2. Zencefil, havuç, su ve et suyunu ekleyin, karıştırın, kısık ateşte kaynatın, sıcaklığı düşürün ve 20 dakika pişirin.

3. Çorbayı çubuk blender ile karıştırın, tuz ve karabiberle tatlandırın ve halibut parçalarını ekleyin.

4. Çorbayı dikkatlice karıştırın ve 5 dakika daha pişirin.

5. Kaselere paylaştırıp servis yapın.

Eğlence!

Beslenme:kalori 140, yağ 6, lif 1, karbonhidrat 4, protein 14

Ketojenik Garnitür Tarifleri

Basit Kimchi

Bunu biftekle servis edin!

Hazırlanma zamanı:1 saat 10 dakika

Pişirme süresi: 0 dakika

Porsiyon: 6

İçindekiler:

- 3 yemek kaşığı tuz
- 1 kilo Napa lahanası, doğranmış
- 1 havuç, jülyen doğranmış
- ½ bardak daikon turpu
- 3 sap yeşil soğan, ince doğranmış
- 1 yemek kaşığı balık sosu
- 3 yemek kaşığı pul biber
- 3 diş sarımsak, doğranmış
- 1 yemek kaşığı susam yağı
- ½ inç zencefil, rendelenmiş

Rota:

1. Lahanayı bir kasede tuzla karıştırın, 10 dakika iyice masaj yapın, üzerini örtün ve 1 saat bekletin.

2. Bir kapta biber pullarını balık sosu, sarımsak, susam yağı ve zencefil ile karıştırıp iyice karıştırın.

3. Lahanayı iyice süzün, soğuk su altında durulayın ve bir kaseye koyun.

4. Havuç, yeşil soğan, turp ve biber salçasını ekleyip hepsini karıştırın.

5. Keto bifteği garnitür olarak servis etmeden önce en az 2 gün karanlık ve serin bir yerde bırakın.

Eğlence!

Beslenme:kalori 60, yağ 3, lif 2, karbonhidrat 5, protein 1

Lezzetli yeşil fasulye garnitürü

Bu harika garnitürün tadını mutlaka çıkaracaksınız!

Hazırlama süresi: 10 dakika

Pişirme süresi: 10 dakika

Porsiyon: 4

İçindekiler:

- 2/3 bardak Parmesan, rendelenmiş
- 1 yumurta
- 12 ons yeşil fasulye
- Tatmak için tuz ve karabiber
- ½ çay kaşığı sarımsak tozu
- ¼ çay kaşığı kırmızı biber

Rota:

1. Bir kapta parmesanı tuz, karabiber, sarımsak tozu ve kırmızı biberle karıştırıp karıştırın.
2. Başka bir kapta yumurtaları tuz ve karabiberle çırpın.
3. Yeşil fasulyeleri yumurtaya ve ardından Parmesan karışımına batırın.

4. Yeşil fasulyeleri pişirme kağıdı serili bir fırın tepsisine yerleştirin ve 400 derecelik fırında 10 dakika kadar bekletin.

5. Garnitür olarak sıcak servis yapın.

Eğlence!

Beslenme:kalori 114, yağ 5, lif 7, karbonhidrat 3, protein 9

Basit karnabahar püresi

Bu basit ketojenik püre, et bazlı yemekler için mükemmeldir!

Hazırlama süresi: 10 dakika

Pişirme süresi: 10 dakika

Porsiyon: 2

İçindekiler:

- ¼ bardak ekşi krema
- 1 küçük karnabahar, çiçekleri ayrılmış
- Tatmak için tuz ve karabiber
- 2 yemek kaşığı beyaz peynir, ufalanmış
- 2 yemek kaşığı siyah zeytin, çekirdekleri çıkarılmış ve dilimlenmiş

Rota:

1. Bir tencereye su koyun, tuz ekleyin, orta ateşte kaynatın, çiçekleri ekleyin, 10 dakika pişirin, ocaktan alın ve süzün.

2. Karnabaharı tekrar tencereye alın, damak tadınıza göre tuz ve karabiberi ve ekşi kremayı ekleyip çubuk blenderle karıştırın.

3. Siyah zeytin ve beyaz peyniri ekleyip karıştırıp garnitür olarak servis yapın.

Eğlence!

Beslenme:kalori 100, yağ 4, lif 2, karbonhidrat 3, protein 2

Lezzetli portobello mantarları

Bunlar kesinlikle en iyileri! Harika bir keto garnitür!

Hazırlama süresi: 10 dakika

Pişirme süresi: 10 dakika

Porsiyon: 4

İçindekiler:

- 12 ons portobello mantarı, dilimlenmiş
- Tatmak için tuz ve karabiber
- ½ çay kaşığı fesleğen, kurutulmuş
- 2 yemek kaşığı zeytinyağı
- ½ çay kaşığı tarhun, kurutulmuş
- ½ çay kaşığı biberiye, kurutulmuş
- ½ çay kaşığı kekik, kurutulmuş
- 2 yemek kaşığı balzamik sirke

Rota:

1. Bir kapta yağı sirke, tuz, karabiber, biberiye, tarhun, fesleğen ve kekikle karıştırıp iyice karıştırın.

2. Mantar dilimlerini ekleyin, üzerini iyice kapatın, orta ateşte önceden ısıtılmış ızgaraya yerleştirin, her iki

tarafını da 5 dakika pişirin ve keto garnitürü olarak servis yapın.

Eğlence!

Beslenme:kalori 80, yağ 4, lif 4, karbonhidrat 2, protein 4

Brüksel lahanası garnitür

Bu kesinlikle denemeniz gereken bir Asya yemeği!

Hazırlama süresi: 10 dakika

Pişirme süresi: 10 dakika

Porsiyon: 4

İçindekiler:

- 1 kilo Brüksel lahanası, kesilmiş ve yarıya bölünmüş
- Tatmak için tuz ve karabiber
- 1 çay kaşığı susam
- 1 yemek kaşığı yeşil soğan, doğranmış
- 1 ve ½ yemek kaşığı süksinik altın şurubu
- 1 yemek kaşığı hindistancevizi amino asitleri
- 2 yemek kaşığı susam yağı
- 1 yemek kaşığı sriracha

Rota:

1. Bir kasede susam yağını hindistancevizi aminoları, sriracha, şurup, tuz ve karabiberle birleştirin ve iyice karıştırın.

2. Tavayı orta ateşte ısıtın, Brüksel lahanalarını ekleyin ve her iki tarafını da 5'er dakika pişirin.

3. Susam yağı karışımını ekleyin, kaplayın, üzerine susam ve yeşil soğan serpin, tekrar karıştırın ve garnitür olarak servis yapın.

Eğlence!

Beslenme:kalori 110, yağ 4, lif 4, karbonhidrat 6, protein 4

Lezzetli pesto

Bu keto pesto, lezzetli bir tavuk yemeğinin yanında servis edilebilir!

Hazırlama süresi: 10 dakika

Pişirme süresi: 0 dakika

Porsiyon: 4

İçindekiler:

- ½ su bardağı zeytinyağı
- 2 bardak fesleğen
- 1/3 su bardağı çam fıstığı
- 1/3 bardak Parmesan peyniri, rendelenmiş
- 2 diş sarımsak, ince doğranmış
- Tatmak için tuz ve karabiber

Rota:

1. Fesleğenleri mutfak robotuna yerleştirin, çam fıstıklarını ve sarımsağı ekleyip iyice karıştırın.
2. Yavaş yavaş parmesanı, tuzu, karabiberi ve yağı ekleyip macun kıvamına gelinceye kadar tekrar karıştırın.
3. Tavukla servis yapın!

Eğlence!

Beslenme:kalori 100, yağ 7, lif 3, karbonhidrat 1, protein 5

Brüksel lahanası ve pastırma

Artık Brüksel lahanasını çok seveceksiniz!

Hazırlama süresi: 10 dakika

Pişirme süresi: 30 dakika

Porsiyon: 4

İçindekiler:

- 8 dilim pastırma, doğranmış
- 1 kilo Brüksel lahanası, kesilmiş ve yarıya bölünmüş
- Tatmak için tuz ve karabiber
- Bir tutam kimyon, öğütülmüş
- Bir tutam kırmızı biber, ezilmiş
- 2 yemek kaşığı sızma zeytinyağı

Rota:

1. Bir kapta Brüksel lahanalarını tuz, karabiber, kimyon, kırmızı biber ve yağla karıştırıp kaplayın.
2. Brüksel lahanalarını pişirme kağıdı serili bir fırın tepsisine yayın, 375 derece F'deki fırına koyun ve 30 dakika pişirin.
3. Bu arada tavayı orta ateşte ısıtın, pastırma parçalarını ekleyin ve çıtır çıtır olana kadar kızartın.

4. Kavrulmuş brüksel lahanasını tabaklara paylaştırın, üzerine pastırma koyun ve hemen garnitür olarak servis yapın.

Eğlence!

Beslenme:kalori 256, yağ 20, lif 6, karbonhidrat 5, protein 15

Lezzetli ıspanaklı garnitür

Bu çok kremalı ve lezzetli!

Hazırlama süresi: 10 dakika

Pişirme süresi: 15 dakika

Porsiyon: 2

İçindekiler:

- 2 diş sarımsak, kıyılmış
- 8 ons ıspanak yaprağı
- Bir damla zeytinyağı
- Tatmak için tuz ve karabiber
- 4 yemek kaşığı ekşi krema
- 1 yemek kaşığı sıvı yağ
- 2 yemek kaşığı parmesan peyniri, rendelenmiş

Rota:

1. Tavayı orta ateşte yağla ısıtın, ıspanağı ekleyin, karıştırın ve yumuşayıncaya kadar pişirin.
2. Tuz, karabiber, sade yağ, parmesan ve sade yağı ekleyip karıştırın ve 4 dakika pişirin.
3. Ekşi kremayı ekleyin, karıştırın ve 5 dakika daha pişirin.

4. Tabaklara paylaştırıp garnitür olarak servis yapın.

Eğlence!

Beslenme:kalori 133, yağ 10, lif 4, karbonhidrat 4, protein 2

Muhteşem avokado kızartması

Lezzetli bir bifteğin yanında garnitür olarak deneyin!

Hazırlama süresi: 10 dakika

Pişirme süresi: 5 dakika

Porsiyon: 3

İçindekiler:

- 3 avokado çekirdeği çıkarılmış, soyulmuş, yarıya bölünmüş ve dilimlenmiş
- 1 ve ½ su bardağı ayçiçek yağı
- 1 ve ½ su bardağı badem unu
- Bir tutam acı biber
- Tatmak için tuz ve karabiber

Rota:

1. Bir kasede öğütülmüş bademleri tuz, karabiber ve kırmızı biberle birleştirin ve ardından karıştırın.
2. Başka bir kapta yumurtaları bir tutam tuz ve karabiberle çırpın.
3. Avokado parçalarını yumurtaya ve ardından badem unu karışımına batırın.

4. Tavayı orta ateşte yağla ısıtın, avokado patateslerini ekleyin ve altın rengi kahverengi olana kadar kızartın.

5. Kağıt havlu üzerine koyun, yağını boşaltın ve tabaklara paylaştırın.

6. Garnitür olarak servis yapın.

Eğlence!

Beslenme:kalori 450, yağ 43, lif 4, karbonhidrat 7, protein 17

Basit Kavrulmuş Karnabahar

Bu çok lezzetli ve evde yapılması çok kolay! Harika bir keto garnitür!

Hazırlama süresi: 10 dakika

Pişirme süresi: 25 dakika

Porsiyon: 6

İçindekiler:

- 1 baş karnabahar, çiçekleri ayrılmış
- Tatmak için tuz ve karabiber
- 1/3 bardak Parmesan, rendelenmiş
- 1 yemek kaşığı maydanoz, doğranmış
- 3 yemek kaşığı zeytinyağı
- 2 yemek kaşığı sızma zeytinyağı

Rota:

1. Bir kapta yağı sarımsak, tuz, karabiber ve karnabahar çiçekleriyle karıştırın.
2. İyice kaplayın, astarlı bir fırın tepsisine yayın, 450F fırına koyun ve yarıya kadar karıştırarak 25 dakika pişirin.
3. Parmesanı ve maydanozu ekleyip karıştırın ve 5 dakika daha pişirin.

4. Plakalara bölün ve keto garnitür olarak servis yapın.

Eğlence!

Beslenme:kalori 118, yağ 2, lif 3, karbonhidrat 1, protein 6

Mantar ve Ispanaklı Garnitür

Bu, mümkün olan en kısa sürede denemeye değer, İtalyan tarzı bir keto garnitür!

Hazırlama süresi: 10 dakika

Pişirme süresi: 10 dakika

Porsiyon: 4

İçindekiler:

- 10 ons ıspanak yaprağı, doğranmış
- Tatmak için tuz ve karabiber
- 14 ons mantar, doğranmış
- 2 diş sarımsak, kıyılmış
- Bir avuç maydanoz, doğranmış
- 1 sarı soğan, ince doğranmış
- 4 yemek kaşığı zeytinyağı
- 2 yemek kaşığı balzamik sirke

Rota:

1. Tavayı orta ateşte yağla ısıtın, sarımsak ve soğanı ekleyin, karıştırın ve 4 dakika pişirin.
2. Mantarları ekleyin, karıştırın ve 3 dakika daha pişirin.
3. Ispanağı ekleyin, karıştırın ve 3 dakika pişirin.

4. Sirke, tuz ve karabiberi ekleyip karıştırıp 1 dakika daha pişirin.

5. Maydanozu ekleyin, karıştırın, tabaklara paylaştırın ve garnitür olarak sıcak olarak servis yapın.

Eğlence!

Beslenme:kalori 200, yağ 4, lif 6, karbonhidrat 2, protein 12

Lezzetli Bamya ve Domates

Bunu yapmak çok basit ve kolaydır! Bu şimdiye kadarki en iyi keto sitelerinden biri!

Hazırlama süresi: 10 dakika

Pişirme süresi: 10 dakika

Porsiyon: 6

İçindekiler:

- 14 oz haşlanmış domates, doğranmış
- Tatmak için tuz ve karabiber
- 2 sap kereviz, doğranmış
- 1 sarı soğan, ince doğranmış
- 1 kilo bamya, dilimlenmiş
- 2 dilim pastırma, doğranmış
- 1 küçük yeşil dolmalık biber, doğranmış

Rota:

1. Tavayı orta ateşte ısıtın, pastırmayı ekleyin, karıştırın, birkaç dakika kızartın, bir kağıt havlunun üzerine koyun ve şimdilik bir kenara koyun.

2. Tavayı tekrar orta ateşte ısıtın, bamya, dolmalık biber, soğan ve kerevizi ekleyip karıştırın ve 2 dakika pişirin.

3. Domatesleri, tuzu ve karabiberi ekleyip karıştırın ve 3 dakika pişirin.

4. Tabaklara paylaştırıp çıtır pastırmayla süsleyip servis yapın.

Eğlence!

Beslenme:kalori 100, yağ 2, lif 3, karbonhidrat 2, protein 6

İnanılmaz Snap Bezelye ve Nane

Bu garnitür sadece bir keto yemeği değil! Bu aynı zamanda basit ve hızlı bir şey!

Hazırlama süresi: 10 dakika

Pişirme süresi: 5 dakika

Porsiyon: 4

İçindekiler:

- ¾ pound şekerli bezelye, doğranmış
- Tatmak için tuz ve karabiber
- 1 yemek kaşığı nane yaprağı, doğranmış
- 2 çay kaşığı zeytinyağı
- 3 yeşil soğan, doğranmış
- 1 diş sarımsak, doğranmış

Rota:

1. Bir tavayı orta ateşte yağla ısıtın.
2. Bezelye, tuz, karabiber, yeşil soğan, sarımsak ve naneyi ekleyin.
3. Her şeyi karıştırın, 5 dakika pişirin, tabaklara bölün ve domuz bifteğinin yanında garnitür olarak servis yapın.

Eğlence!

Beslenme:kalori 70, yağ 1, lif 1, karbonhidrat 0,4, protein 6

Karalahana Yeşilleri Garnitür

Bu tek kelimeyle harika!

Hazırlama süresi: 10 dakika

Pişirme süresi:2 saat 15 dakika

Porsiyon: 10

İçindekiler:

- 5 demet doğranmış otlar
- Tatmak için tuz ve karabiber
- 1 yemek kaşığı kırmızı biber gevreği, ezilmiş
- 5 su bardağı tavuk suyu
- 1 hindi bacağı
- 2 yemek kaşığı sarımsak, kıyılmış
- ¼ bardak zeytinyağı

Rota:

1. Tavayı orta ateşte yağla ısıtın, sarımsakları ekleyin, karıştırın ve 1 dakika pişirin.

2. Et suyu, tuz, karabiber ve hindi budu ekleyin, karıştırın, üzerini örtün ve 30 dakika pişirin.

3. Otları ekleyin, tencerenin kapağını kapatın ve 45 dakika daha pişirin.

4. Isıyı orta dereceye düşürün, daha fazla tuz ve karabiber ekleyin, karıştırın ve 1 saat pişirin.

5. Yeşillikleri süzün, pul biberle karıştırın, karıştırın, tabaklara paylaştırın ve garnitür olarak servis yapın.

Eğlence!

Beslenme:kalori 143, yağ 3, lif 4, karbonhidrat 3, protein 6

Patlıcan ve domates garnitürü

Bu tekrar tekrar hazırlayabileceğiniz bir keto garnitürü!

Hazırlama süresi: 10 dakika

Pişirme süresi: 15 dakika

Porsiyon: 4

İçindekiler:

- 1 domates, dilimlenmiş
- 1 patlıcan ince dilimler halinde kesilmiş
- Tatmak için tuz ve karabiber
- ¼ bardak Parmesan, rendelenmiş
- Bir damla zeytinyağı

Rota:

1. Patlıcan dilimlerini pişirme kağıdı serili fırın tepsisine yerleştirin, üzerine biraz yağ gezdirin ve parmesanın yarısını serpin.
2. Patlıcan dilimlerini domates, tuz ve karabiberle tatlandırın ve kalan peyniri serpin.
3. 400 F'deki fırına yerleştirin ve 15 dakika pişirin.
4. Tabaklara paylaştırın ve garnitür olarak sıcak servis yapın.

Eğlence!

Beslenme:kalori 55, yağ 1, lif 1, karbonhidrat 0,5, protein 7

Limonlu badem ezmeli brokoli

Bu garnitür ızgara biftekle mükemmel uyum sağlar!

Hazırlama süresi: 10 dakika

Pişirme süresi: 10 dakika

Porsiyon: 4

İçindekiler:

- 1 baş brokoli, çiçekleri ayrılmış
- Tatmak için tuz ve karabiber
- ¼ bardak badem, beyazlatılmış
- 1 çay kaşığı limon kabuğu
- ¼ bardak hindistan cevizi yağı, eritilmiş
- 2 yemek kaşığı limon suyu

Rota:

1. Bir tencereye su dökün, tuz ekleyin ve orta ateşte kaynatın.
2. Brokoli çiçeklerini buharlı pişirme sepetine yerleştirin, tencereye koyun, kapağını kapatın ve 8 dakika boyunca buharda pişirin.
3. Süzün ve bir kaseye aktarın.

4. Hindistan cevizi yağı içeren bir tavayı orta ateşte ısıtın, limon suyunu, limon kabuğunu ve bademleri ekleyin, karıştırın ve ocaktan alın.

5. Brokoli ekleyin, kaplamaya atın, tabaklara bölün ve keto garnitür olarak servis yapın.

Eğlence!

Beslenme:kalori 170, yağ 15, lif 4, karbonhidrat 4, protein 4

Basit Kavrulmuş Brokoli

Kızarmış tavuk veya balıkla servis yapın!

Hazırlama süresi: 10 dakika

Pişirme süresi: 22 dakika

Porsiyon: 4

İçindekiler:

- 5 yemek kaşığı zeytinyağı
- 1 diş sarımsak, doğranmış
- 1 kilo brokoli çiçeği
- 1 yemek kaşığı parmesan, rendelenmiş
- Tatmak için tuz ve karabiber

Rota:

1. Bir tencereye su koyun, tuz ekleyin, orta ateşte kaynatın, brokolileri ekleyin, 5 dakika pişirin, sonra süzün.
2. Tavayı orta ateşte yağla ısıtın, sarımsak ekleyin, karıştırın ve 2 dakika pişirin.
3. Brokoli ekleyin, karıştırın ve 15 dakika pişirin.
4. Ateşten alın, parmesan serpin, tabaklara paylaştırın ve servis yapın.

Eğlence!

Beslenme:kalori 193, yağ 14, lif 3, karbonhidrat 6, protein 5

Kolay Izgara Soğan

Bu ketojenik garnitür biftek için mükemmel!

Hazırlama süresi: 10 dakika

Pişirme süresi: 1 saat

Porsiyon: 4

İçindekiler:

- ½ bardak sıvı yağ
- 4 soğan
- 4 adet tavuk suyu küpü
- Tuz ve karabiber

Yön:

1. Kestiğiniz soğanın üzerine bir delik açın, yağı ve tavuk çorbası küplerini bunlara bölün, ardından tuz ve karabiberi ekleyin.

2. Soğanı folyoya sarın, önceden ısıtılmış mutfak ızgarasına koyun ve 1 saat ızgarada pişirin.

3. Soğanı ambalajından çıkarın, büyük küpler halinde kesin, tabaklara yerleştirin ve garnitür olarak servis yapın.

Eğlence!

Beslenme:kalori 135, yağ 11, lif 4, karbonhidrat 6, protein 3

Kavrulmuş kabak

Onlara tavukla servis yapın ve mükemmel yemeğin tadını çıkarın!

Hazırlama süresi: 10 dakika

Pişirme süresi: 15 dakika

Porsiyon: 6

İçindekiler:

- 1 kırmızı soğan, doğranmış
- 1 domates, doğranmış
- ½ kilo domates, doğranmış
- Tatmak için tuz ve karabiber
- 1 diş sarımsak, doğranmış
- 1 diş sarımsak, doğranmış
- 1 çay kaşığı İtalyan baharatı
- 4 kabak, dilimlenmiş

Rota:

1. Tavayı orta ateşte yağla ısıtın, soğanı, tuzu ve karabiberi ekleyin, karıştırın ve 2 dakika pişirin.

2. Mantarları ve kabakları ekleyin, karıştırın ve 5 dakika pişirin.

3. Sarımsak, domates ve İtalyan baharatlarını ekleyip karıştırın ve 6 dakika daha pişirin.

4. Ateşten alın, tabaklara paylaştırın ve garnitür olarak servis yapın.

Eğlence!

Beslenme:kalori 70, yağ 3, lif 2, karbonhidrat 6, protein 4

Lezzetli kızarmış İsviçre pazı

Bu keto garnitürünü denemelisiniz! Bazı ızgara etlerin yanına çok yakışıyor!

Hazırlama süresi: 10 dakika

Pişirme süresi: 10 dakika

Porsiyon: 2

İçindekiler:

- 2 yemek kaşığı tereyağı
- 4 dilim pastırma, doğranmış
- 1 demet İsviçre pazı, kabaca doğranmış
- ½ çay kaşığı sarımsak ezmesi
- 3 yemek kaşığı limon suyu
- Tatmak için tuz ve karabiber

Rota:

1. Tavayı orta ateşte ısıtın, pastırma parçalarını ekleyin ve çıtır çıtır olana kadar kızartın.
2. Tereyağı ekleyin ve eriyene kadar karıştırın.
3. Sarımsak ezmesini ve limon suyunu ekleyin, karıştırın ve 1 dakika pişirin.
4. İsviçre pazısını ekleyin, karıştırın ve 4 dakika pişirin.

5. Tatlandırmak için tuz ve karabiber ekleyin, karıştırın, tabaklara paylaştırın ve keto garnitür olarak servis yapın.

Eğlence!

Beslenme:kalori 300, yağ 32, lif 7, karbonhidrat 6, protein 8

Lezzetli mantarlı salata

Bu gerçekten lezzetli ve yapımı kolay!

Hazırlama süresi: 10 dakika

Pişirme süresi: 10 dakika

Porsiyon: 4

İçindekiler:

- 2 yemek kaşığı tereyağı
- 1 kilo cremini mantarı, doğranmış
- 4 yemek kaşığı sızma zeytinyağı
- Tatmak için tuz ve karabiber
- 4 demet roka
- 8 dilim jambon
- 2 yemek kaşığı elma sirkesi
- 8 adet yağda kurutulmuş domates, suyu süzülmüş ve doğranmış
- Birkaç parça parmesan
- Birkaç maydanoz yaprağı, doğranmış

Rota:

1. Bir tavayı sıvı yağ ve yağın yarısı ile orta ateşte ısıtın.

2. Mantarları ekleyin, tuz ve karabiber ekleyin, karıştırın ve 3 dakika pişirin.

3. Isıyı azaltın, tekrar karıştırın ve 3 dakika daha pişirin.

4. Kalan yağı ve sirkeyi ekleyin, karıştırın ve 1 dakika daha pişirin.

5. Rokayı tabağa alıp tatlandırın, mantar karışımını, kurutulmuş domatesi, biraz daha tuz, karabiber, rendelenmiş parmesan ve maydanozu ekleyip servis yapın.

Eğlence!

Beslenme:kalori 160, yağ 4, lif 2, karbonhidrat 2, protein 6

Yunan tarafı salatası

Muhteşem bir malzeme kombinasyonuna hazır olun! Bu muhteşem salatayı mutlaka deneyin!

Hazırlama süresi: 10 dakika

Pişirme süresi: 7 dakika

Porsiyon: 6

İçindekiler:

- ½ kilo mantar, dilimlenmiş
- 1 yemek kaşığı sızma zeytinyağı
- 3 diş sarımsak, doğranmış
- 1 çay kaşığı fesleğen, kurutulmuş
- Tatmak için tuz ve karabiber
- 1 domates, doğranmış
- 3 yemek kaşığı limon suyu
- ½ bardak su
- 1 yemek kaşığı kişniş, doğranmış

Rota:

1. Tavayı orta ateşte yağla ısıtın, mantarları ekleyin, karıştırın ve 3 dakika pişirin.

2. Fesleğen ve sarımsağı ekleyin, karıştırın ve 1 dakika daha pişirin.

3. Su, tuz, karabiber, domates ve limon suyunu ekleyip karıştırıp birkaç dakika daha pişirin.

4. Ateşten alın, bir kaseye aktarın, soğumaya bırakın, üzerine kişniş serpin ve servis yapın.

Eğlence!

Beslenme:kalori 200, yağ 2, lif 2, karbonhidrat 1, protein 10

Domates salsası

Mükemmel ve en kolay keto garnitür!

Hazırlama süresi: 2 saat

Pişirme süresi: 0 dakika

Porsiyon: 5

İçindekiler:

- 3 adet sarı domatesin çekirdekleri çıkarılmış ve doğranmış
- 1 kırmızı domates çekirdeksiz ve doğranmış
- Tatmak için tuz ve karabiber
- 1 su bardağı çekirdekleri çıkarılmış ve doğranmış karpuz
- 1/3 bardak kırmızı soğan, doğranmış
- 1 mango, soyulmuş, çekirdeği çıkarılmış ve doğranmış
- 2 jalapeno biber, doğranmış
- ¼ bardak kişniş, doğranmış
- 3 yemek kaşığı limon suyu
- 2 çay kaşığı bal

Rota:

1. Bir kapta sarı ve kırmızı domatesleri mango, karpuz, soğan ve jalapeno ile karıştırın.

2. Kişniş, limon suyu, tuz, karabiber ve balı ekleyip iyice karıştırın.

3. Kaseyi kapatın, 2 saat buzdolabında saklayın ve ardından keto garnitür olarak servis yapın.

Eğlence!

Beslenme:kalori 80, yağ 1, lif 2, karbonhidrat 1, protein 4

Yaz tarafı salatası

Bu şimdiye kadarki en iyi yaz salatası olacak!

Hazırlama süresi: 10 dakika

Pişirme süresi: 5 dakika

Porsiyon: 6

İçindekiler:

- ½ su bardağı sızma zeytinyağı
- 1 salatalık, doğranmış
- 2 baget, küçük küpler halinde kesilmiş
- 2 litre renkli kiraz domates, yarıya bölünmüş
- Tatmak için tuz ve karabiber
- 1 kırmızı soğan, doğranmış
- 3 yemek kaşığı balzamik sirke
- 1 diş sarımsak, doğranmış
- 1 demet fesleğen, kabaca doğranmış

Rota:

1. Bir kapta ekmek küplerini yağın yarısıyla karıştırın ve kaplayın.

2. Tavayı orta ateşte ısıtın, ekmeği ekleyin, karıştırın, 10 dakika kızartın, ocaktan alın, süzün ve bir kenara koyun.

3. Sirkeyi tuz, karabiber ve kalan yağla bir kasede karıştırıp iyice karıştırın.

4. Salatalığı bir salata kasesinde domates, soğan, sarımsak ve ekmekle karıştırın.

5. Sirke sosunu ekleyin, kaplayın, gerekirse fesleğen, tuz ve karabiber serpin, kaplayın ve servis yapın.

Eğlence!

Beslenme:kalori 90, yağ 0, lif 2, karbonhidrat 2, protein 4

Domates ve Bocconcini

Bu salata ızgara bifteğin yanına çok yakışıyor!

Hazırlama süresi: 6 dakika

Pişirme süresi: 0 dakika

Porsiyon: 4

İçindekiler:

- 20 ons domates, dilimler halinde kesilmiş
- 2 yemek kaşığı sızma zeytinyağı
- 1 ve ½ yemek kaşığı balzamik sirke
- 1 çay kaşığı stevia
- 1 diş sarımsak, ince doğranmış
- 8 ons bebek bocconcini, süzülmüş ve yırtılmış
- 1 su bardağı fesleğen yaprağı, kabaca doğranmış
- Tatmak için tuz ve karabiber

Rota:

1. Bir kapta steviayı sirke, sarımsak, yağ, tuz ve karabiberle karıştırıp iyice karıştırın.
2. Bir salata kasesinde bocconcini'yi domates ve fesleğenle karıştırın.

3. Pansuman ekleyin, kaplamayı atın ve hemen keto
    garnitürü olarak servis yapın.

Eğlence!

Beslenme:kalori 100, yağ 2, lif 2, karbonhidrat 1, protein 9

Salatalık ve hurma salatası

Bu çok sağlıklı bir keto salatası! Deneyin ve lezzetin tadını çıkarın!

Hazırlama süresi: 10 dakika

Pişirme süresi: 0 dakika

Porsiyon: 4

İçindekiler:

- 2 İngiliz salatalık, doğranmış
- 8 hurma, çekirdekleri çıkarılmış ve dilimlenmiş
- ¾ bardak rezene, ince dilimlenmiş
- 2 yemek kaşığı doğranmış frenk soğanı
- ½ su bardağı ceviz, kıyılmış
- 2 yemek kaşığı limon suyu
- 4 yemek kaşığı meyveli zeytinyağı
- Tatmak için tuz ve karabiber

Rota:

1. Salatalık parçalarını kağıt havlunun üzerine koyun, iyice sıkın ve salata kasesine koyun.
2. Bunları çatalla biraz ezin.
3. Hurmaları, rezeneyi, frenk soğanı ve cevizi ekleyip yavaşça karıştırın.

4. Damak tadınıza göre tuz ve karabiberi, limon suyunu
    ve yağı ekleyip kapağını kapatın ve hemen servis yapın.

Eğlence!

Beslenme:kalori 80, yağ 0,2, lif 1, karbonhidrat 0,4, protein 5

Kolay patlıcan salatası

Hafif bir keto garnitürü için iyi bir fikir!

Hazırlama süresi: 10 dakika

Pişirme süresi: 10 dakika

Porsiyon: 4

İçindekiler:

- 1 patlıcan, dilimlenmiş
- 1 kırmızı soğan, dilimlenmiş
- Bir damla kanola yağı
- 1 avokado, çekirdeği çıkarılmış ve doğranmış
- 1 çay kaşığı hardal
- 1 yemek kaşığı balzamik sirke
- 1 yemek kaşığı taze kekik, doğranmış
- Bir damla zeytinyağı
- Tatmak için tuz ve karabiber
- 1 limon kabuğu rendesi ve
- Servis için doğranmış birkaç dal maydanoz

Rota:

1. Kırmızı soğan ve patlıcan dilimlerini fırçayla az miktarda kolza yağıyla yağlayın, ısıtılmış mutfak ızgarasına koyun ve yumuşayıncaya kadar kızartın.

2. Kesme tahtasına koyun, soğumaya bırakın, parçalara ayırın ve bir kaseye koyun.

3. Avokadoyu ekleyin ve yavaşça karıştırın.

4. Bir kapta sirkeyi hardal, kekik, zeytinyağı, tuz ve karabiberle karıştırın.

5. Patlıcan, avokado ve soğan karışımına ekleyip kaplayın, limon kabuğu rendesini ve maydanozu ekleyip servis yapın.

Eğlence!

Beslenme:kalori 120, yağ 3, lif 2, karbonhidrat 1, protein 8

Özel yan salata

Bu İtalyan tarzı yan salataya bayılıyoruz!

Hazırlanma zamanı:2 saat 10 dakika

Pişirme süresi:1 saat 30 dakika

Porsiyon: 12

İçindekiler:

- 1 diş sarımsak, ezilmiş
- 6 patlıcan
- 1 çay kaşığı maydanoz, kurutulmuş
- 1 çay kaşığı kekik, kurutulmuş
- ¼ çay kaşığı fesleğen, kurutulmuş
- 3 yemek kaşığı sızma zeytinyağı
- 2 yemek kaşığı stevia
- 1 yemek kaşığı balzamik sirke
- Tatmak için tuz ve karabiber

Rota:

1. Patlıcanları çatalla delin, fırın tepsisine dizin, 350 derecelik fırına koyun, 1 saat 30 dakika pişirin, fırından çıkarın, soğumaya bırakın, soyun, parçalara ayırın ve fırına aktarın. bir salata kasesi.

2. Tatlandırmak için sarımsak, yağ, maydanoz, stevia, kekik, fesleğen, tuz ve karabiber ekleyin, üzerini kapatın, 2 saat buzdolabında bekletin ve sonra servis yapın.

Eğlence!

Beslenme:kalori 150, yağ 1, lif 2, karbonhidrat 1, protein 8

Özel hindiba ve su teresi salatası

Keto ızgara bifteğin yanına çok yakışan taze bir garnitür!

Hazırlama süresi: 10 dakika

Pişirme süresi: 5 dakika

Porsiyon: 4

İçindekiler:

- 4 orta boy hindiba, kökleri ve uçları kesilmiş ve çapraz olarak ince dilimlenmiş
- 1 yemek kaşığı limon suyu
- 1 arpacık ince doğranmış
- 1 yemek kaşığı balzamik sirke
- 2 yemek kaşığı sızma zeytinyağı
- 6 yemek kaşığı ağır krema
- Tatmak için tuz ve karabiber
- 4 ons su teresi, orta boy yaylara kesilmiş
- 1 elma, ince dilimlenmiş
- 1 yemek kaşığı kiraz, doğranmış
- 1 yemek kaşığı tarhun, doğranmış
- 1 yemek kaşığı frenk soğanı, doğranmış
- 1/3 bardak badem, doğranmış
- 1 yemek kaşığı maydanoz, doğranmış

Rota:

1. Bir kapta limon suyunu sirke, tuz ve arpacık soğanıyla karıştırın, karıştırın ve 10 dakika bekletin.
2. Zeytinyağı, karabiber ekleyin, karıştırın ve 2 dakika daha bekletin.
3. Hindiba, elma, su teresi, frenk soğanı, tarhun, maydanoz ve vişneyi bir salata kasesine koyun.
4. Tatlandırmak ve üzerini kapatmak için tuz ve karabiber ekleyin.
5. Yoğun kremayı ve salata sosunu ekleyin, hafifçe karıştırın ve üzerine bademle süs olarak servis yapın.

Eğlence!

Beslenme:kalori 200, yağ 3, lif 5, karbonhidrat 2, protein 10

Hint usulü salata

Çok sağlıklı ve zengin!

Hazırlama süresi: 15 dakika

Pişirme süresi: 0 dakika

Porsiyon: 6

İçindekiler:

- 3 havuç, ince rendelenmiş
- 2 kabak, ince dilimlenmiş
- Bir avuç turp, ince dilimlenmiş
- ½ kırmızı soğan, ince doğranmış
- 6 nane yaprağı, kabaca doğranmış

Salata sosu için:

- 1 çay kaşığı hardal
- 1 yemek kaşığı ev yapımı mayonez
- 1 yemek kaşığı balzamik sirke
- 2 yemek kaşığı sızma zeytinyağı
- Tatmak için tuz ve karabiber

Rota:

1. Bir kapta hardalı mayonez, sirke, tuz ve karabiberle tatlandırıp iyice karıştırın.

2. Yavaş yavaş yağı ekleyin ve her şeyi birlikte karıştırın.

3. Bir salata kasesinde havuçları turp, kabak ve nane yapraklarıyla karıştırın.

4. Salata sosunu ekleyin, kapağını kapatın ve servis yapana kadar buzdolabında saklayın.

Eğlence!

Beslenme:kalori 140, yağ 1, lif 2, karbonhidrat 1, protein 7

Hint Nane Turşusu

O kadar eşsiz bir rengi ve tadı var ki! Her biftek için özel bir taraf!

Hazırlama süresi: 10 dakika

Pişirme süresi: 0 dakika

Porsiyon: 8

İçindekiler:

- 1 ve ½ su bardağı nane yaprağı
- 1 büyük demet kişniş
- Tatmak için tuz ve karabiber
- 1 yeşil biber (çekirdeksiz)
- 1 sarı soğan, orta boy küpler halinde kesilmiş
- ¼ bardak su
- 1 yemek kaşığı demirhindi suyu

Rota:

1. Nane ve kişniş yapraklarını mutfak robotuna koyun ve karıştırın.
2. Pul biber, tuz, karabiber, soğan ve demirhindi salçasını ekleyip tekrar karıştırın.

3. Su ekleyin, krema kıvamına gelinceye kadar karıştırmaya devam edin, bir kaseye aktarın ve lezzetli bir keto bifteği için garnitür olarak servis yapın.

Eğlence!

Beslenme:kalori 100, yağ 1, lif 1, karbonhidrat 0,4, protein 6

Hint hindistan cevizi turşusu

Süslü bir Hint tarzı ketojenik yemek için mükemmel!

Hazırlama süresi: 5 dakika

Pişirme süresi: 5 dakika

Porsiyon: 3

İçindekiler:

- ½ çay kaşığı kimyon
- ½ bardak hindistan cevizi, rendelenmiş
- 2 yemek kaşığı zaten kızartılmış chana dal
- 2 yeşil biber
- Tatmak için tuz
- 1 diş sarımsak
- ¾ yemek kaşığı avokado yağı
- ¼ çay kaşığı hardal tohumu
- Bir tutam kayış
- ½ çay kaşığı urad dal
- 1 kırmızı biber ince doğranmış
- 1 bahar köri yaprağı

Rota:

1. Tadı ve iyice harmanlanması için mutfak robotunda hindistan cevizini tuz, kimyon, sarımsak, chana dal ve yeşil biberle birleştirin.
2. Bir damla su ekleyip tekrar karıştırın.
3. Tavayı yağla orta ateşte ısıtın, kırmızı biber, urad dal, hardal tohumu, menteşe ve köri yapraklarını ekleyin, karıştırın ve 2-3 dakika pişirin.
4. Hindistan cevizi kaymağını ekleyin, hafifçe karıştırın ve garnitür olarak servis yapın.

Eğlence!

Beslenme:kalori 90, yağ 1, lif 1, karbonhidrat 1, protein 6

7.9